Malte W. Ecker

Kritisch argumentieren

Für BIMS.

„... nur wer seine Zweifel nicht unterdrückt, ist imstande, sich selbst zu bezweifeln ...“

Friedrich Dürrenmatt, *Der Mitmacher – Ein Komplex*

Malte W. Ecker

Kritisch argumentieren

Alibri Verlag
Aschaffenburg

2006

Malte W. Ecker, geboren 1967, studierte Philosophie und Germanistik. Heute arbeitet er als Übersetzer und freier Sachbuchautor.

Alibri Verlag
www.alibri.de
Aschaffenburg
Mitglied in der Assoziation Linker Verlage (*aLiVe*)

1. Auflage 2006

Umschlaggestaltung: Claus Sterneck, Hanau
Druck und Verarbeitung: GuS Druck, Stuttgart

ISBN 3-86569-017-3

Inhalt

Einleitung

Argumentieren ist eine alltägliche Praxis. Doch gerade alltägliche Handlungen stehen uns meist so dicht vor Augen, dass wir buchstäblich keinen Abstand dazu haben. Wir können zwar einigermaßen gut damit umgehen, sind aber oft nicht in der Lage, genau anzugeben, was wir da eigentlich tun, wenn wir argumentieren. Es fehlt die reflektierende Distanz. Ausgerechnet die auf den ersten Blick so vertraute Praxis ist auf den zweiten Blick oftmals voller Rätsel und Merkwürdigkeiten. Ich möchte deshalb einmal den umgekehrten Weg gehen und gerade nicht versuchen, Sie mit dem Argumentieren vertrauter zu machen, sondern so tun, als sei es ein weitgehend unbekanntes, zu erkundendes Terrain, um Ihren Blick für die Regelmäßigkeiten, aber auch für die Absonderlichkeiten des Argumentierens zu schärfen. Es geht um kritische Distanz nicht nur beim Argumentieren, sondern auch gegenüber dem Argumentieren selbst. Sie werden deswegen auch ein paar Fragen und Überlegungen vorfinden, die Ihnen vielleicht seltsam vorkommen werden. Wenn Sie keinen Spaß an diesen Passagen haben, dann überblättern Sie sie einfach.

Im Verlauf der Beschäftigung mit dem Argumentieren ist mir aufgefallen, dass wir in der Alltagssprache sehr unterschiedliche Worte für das Argumentieren und alles, was damit zusammenhängt, benutzen. Wir sprechen von „Erklären", „Rechtfertigen", „Begründen", „Beweisen" und „Argumentieren" und benutzen diese Ausdrücke zumeist sehr uneinheitlich. Ich habe daher erst einmal versucht, etwas Ordnung in dieses Durcheinander zu bringen. Die Wortwahl und Redeweise in diesem Buch ist ein Vorschlag, eine Empfehlung, die Sie aufgreifen können oder auch nicht. Ich selbst habe bemerkt, dass ich Zeitungs- und Rundfunkkommentare, politische Debatten, Berichte über Gerichtsprozesse und vieles mehr besser verstehen und einordnen kann, wenn ich mich dieser Redeweise konsequent bediene. Ich halte sie für nützlich und sinnvoll, sie kann helfen, Zusammenhänge und Unterschiede klarer zu sehen und besser zu strukturieren.

Viele Ansichten und Aussagen in diesem Buch sind unpersönlich formuliert und machen vielleicht den Eindruck, hier werde objektives und geprüftes Lehrbuchwissen vermittelt. Aber lassen Sie sich nicht täuschen: In Wirklichkeit ist alles strittig. Das bedeutet auch, dass Sie selbst diesem Buch gegenüber kritisch sein dürfen und sogar sein sollten. Prüfen Sie bitte alles genau und übernehmen Sie nur das, was Ihnen richtig und sinnvoll vorkommt. In diesem Zusammenhang meine Bitte an Sie, liebe Leserinnen und Leser: Ihre Meinung ist mir wichtig! Kritische Kommentare und Anregungen bitte an: kritisches-argumentieren@web.de.

Die akademische Forschung zum Bereich Argumentieren ist alles andere als einheitlich, und es wird sicherlich auch noch einige Zeit dauern, bis sie auf dem ausgereiften Stand einer etablierten Wissenschaft ist. Ich habe versucht, Anregungen mehrerer akademischer Forschungstraditionen mit zu bedenken und soweit möglich auch aufzunehmen. Das geschieht allerdings implizit, dieses Buch ist keine wissenschaftliche Auseinandersetzung mit der philosophischen oder rhetorischen Argumentationsforschung. Entscheidend war für mich der Anspruch, dass die Darstellung möglichst verständlich und schlüssig sein soll und dass sie mit unseren alltäglichen Erfahrungen in Übereinstimmung gebracht werden kann.

Leider sind nur vergleichsweise wenige wissenschaftliche Forschungsansätze in dieser Hinsicht verwendbar. Ich habe zwar lange Wanderungen im wissenschaftlichen Forschungswald unternommen, aber zum Wildern bin ich eigentlich gar nicht recht gekommen. Daher nur ein paar kurze Hinweise auf diejenigen Arbeiten, die auf die Bildung meiner Ansichten Einfluss genommen haben. Viel gelernt habe ich von Christoph Lumer und Werner Schmidt-Faber, viele wertvolle Anregungen insbesondere für eine kritische Abgrenzung ergaben sich für mich aus den zahlreichen Arbeiten von Douglas Walton, ein Vorbild an gutem Stil und Verständlichkeit ist für mich die Arbeit von David Wilson. (Die entsprechenden Angaben finden sich am Ende des Buches im Literaturverzeichnis.)

Besonders wichtig scheint mir zu sein, mit dem Argumentieren den richtigen Anspruch zu verbinden. Man kann die Hoffnungen und Ansprüche sehr leicht überfrachten und vom Argumentieren zu viel verlangen. Ich habe mich bemüht, auch dazu ein paar Überlegungen zusammenzustellen. Ein wichtiges Ziel des kritischen Argumentierens besteht darin, einen klaren Blick dafür zu bekommen, welche Fragen sich entscheiden lassen und welche nicht. Nicht jede strittige Frage lässt sich eindeutig beantworten, auch nicht unter Zuhilfenahme des kritischen Argumentierens.

Wichtig ist dabei auch der richtige Umgang mit Kritik. Kurz gefasst: Seien Sie kritisch, aber nicht überkritisch. Aber was ist überhaupt Kritik? Viele verstehen unter einer kritischen Einstellung, dass erst einmal alles bezweifelt wird, dass nichts als sicher akzeptiert wird, verbunden vielleicht auch mit einer bestimmten politischen Einstellung. Kritisch sein hieße dann sozusagen von vornherein, politisch links sein. Ich halte das allerdings nicht für sinnvoll. Natürlich kann man politisch links orientiert sein, aber das heißt noch nicht automatisch, dass man damit auch kritisch ist. Umgekehrt kann man auch kritisch eingestellt sein, ohne zugleich eine politisch linke Haltung einnehmen zu müssen.

Kritisches Argumentieren ist keine Gesinnungsfrage, sondern eine Einstellungsfrage. Ich möchte die kritische Einstellung viel eher verbinden mit Eigenschaften wie aufmerksam und sorgfältig sein, bereit sein, Gewissheiten und Autoritäten in Frage zu stellen. Gefordert wird dabei allerdings eine ernsthafte Einstellung zur Wahrheit und Wahrhaftigkeit. Dieses Buch ist kein Ratgeber der Art „1000 ganz legale Argumentationstricks“ oder „Mehr Erfolg im Beruf durch überzeugendes Auftreten“. Es geht nicht um Präsentationstechniken, sondern um Analysemethoden, nicht um Überredungskünste, sondern um Bausteine für ein selbstbestimmtes reflektiertes Denken. Dazu kann dieses Buch Anregungen bieten.

Sicherlich wird der ein oder andere von Ihnen mit einer kritischen Einstellung auch eine abwehrende Haltung gegenüber Manipulation, Werbung und Propaganda verbinden. Das ist auch ganz berechtigt. Nur: mit Argumentieren hat das meistens rein gar nichts zu tun, eher mit Suggestion, Andeutung, Unterstellung und Irreführung. Kritisches Argumentieren kann dort sinnvoll eingesetzt werden, wo bereits ein Mindestmaß an Vernünftigkeit sichergestellt ist. Es geht um das Begründen einer strittigen Behauptung und das Rechtfertigen einer problematischen Handlung. In Werbung und Propaganda geht es in der Regel weder um das eine noch um das andere. Werbung und Propaganda spielen daher in diesem Buch keine Rolle.

In diesem Buch geht es ums Argumentieren im Allgemeinen, weniger um spezielle Argumentationen eines bestimmten inhaltlichen Gebietes. Aufgezeigt werden allgemeine und grundsätzliche Zusammenhänge und Strukturen beim Begründen, allgemeine Prüfkriterien und Aspekte der Bewertung sowie mögliche Fehlerquellen bei der Beurteilung von Argumentationen. Diese allgemeinen Kenntnisse können Ihnen natürlich auch in der Auseinandersetzung mit speziellen Themen helfen, etwa bei der

Problematik der Legalisierung von Drogen, bei Argumentationen gegen Rechtsextremismus oder bei der Frage der Berechtigung von Benzinpreiserhöhungen. Wenn Sie sich allerdings hauptsächlich für eine ganz bestimmte Streitfrage interessieren, empfehle ich zusätzlich die direkte Auseinandersetzung in dem jeweiligen Sachgebiet.

Einen ganz anderen Zugang zu Argumentationen kann man durch einige der anspruchsvolleren Kabarettprogramme von großartigen Künstlern wie Frank-Markus Barwasser („Erwin Pelzig“) und Werner Koczwara gewinnen. Hier werden Argumentationen bizarr verdreht und auf den Kopf gestellt, und auch wenn man es nicht sofort benennen kann, merkt man doch gleich, hier kann etwas nicht stimmen. Es sind die Fehler, über die man lacht. Und man lacht über die Fehler. Das ist eine sehr anarchische Form der Aufklärung. Leider ist dieses Buch nicht so unterhaltsam wie ein Kabarettprogramm. Und wenn man sich das kritische Argumentieren aus diesem Buch einmal angeeignet hat, kann man so einen herrlichen Unfug wohl leider auch nicht mehr so leicht selbst erfinden. Aber lachen kann man trotzdem auch weiterhin darüber, selbst dann, wenn man ein Buch über das kritische Argumentieren geschrieben hat. Daher meine Empfehlung: Gehen Sie doch einfach zusätzlich ins Kabarett und analysieren Sie anschließend einmal ganz unverbindlich die vorgestellten Argumentationen. Das kostet wenig und macht viel Freude, wie Dr. Göbel sagen würde.

Apropos Unfug. Wenn es mir gelungen ist, dass sich der sachliche Unfug in diesem Buch einigermaßen in Grenzen hält, so ist dies vor allem den vielen interessanten und anregenden Unterhaltungen, kritischen Anmerkungen und wertvollen Hinweisen kluger Freunde und Gesprächspartner zu verdanken. Ich danke herzlich Angela Fischel und Michael Lailach, Ulrich Harms, Ursula Kessels, Christoph Lumer, Renate Mehrtens, Andrea Ritter, Rosemarie Rüger und Manfred Stöckler. Dank außerdem an den *Deutschlandfunk* und den *Rundfunk Berlin Brandenburg* (rbb) für die freundliche Genehmigung zum Abdruck der beiden journalistischen Kommentare im Kapitel 4. Mein ganz besonderer Dank gilt Arnd Mehrtens, einem herausragenden und vorbildlichen Lehrer, Diskussionspartner und Freund, und Birgit Stöckmann, die mir, wenngleich auch manchmal etwas unsanft, zu einer realistischeren Sicht verhalf und mich von den schlimmsten Blauäugigkeiten kurierte. Ihre Unterstützung und Hilfe war für mich ein großes Glück und ein Privileg, das ich sehr zu schätzen weiß.

Kapitel 1
Was tut man, wenn man argumentiert? Eine praktische Begriffsbestimmung

Übersicht:

1. Anwendungsfelder des Argumentierens
2. Argumentieren: Diskussion oder Beweisverfahren?
3. Begründen und Rechtfertigen, Erklären und Schlussfolgern
4. Begründen als offener Prozess
5. Grenzen des Begründens

1. Anwendungsfelder des Argumentierens

Argumentieren ist ein schillernder Begriff. Wir alle können uns etwas darunter vorstellen, aber es ist gar nicht so leicht, all diese verschiedenen Vorstellungen auf einen gemeinsamen Nenner zu bringen. In dieser Hinsicht hat „Argumentieren" Ähnlichkeit mit Begriffen wie dem der Gerechtigkeit, der Intelligenz oder des Glückes. Wir verstehen in der Regel recht gut, was gemeint ist, verbinden damit aber zugleich unsere ganz eigenen persönlichen Vorstellungen und Assoziationen, und die können sich im Einzelfall sehr von den Vorstellungen anderer Menschen unterscheiden.

Fragen wir deswegen einmal so: Was tun wir eigentlich, wenn wir argumentieren? Um auf diese Frage eine Antwort zu erhalten, ist es ratsam, sich zunächst einmal anzuschauen, in welchen Bereichen Argumentationen eine wichtige Rolle spielen und besonders häufig vorkommen. Wo also stößt man typischerweise auf Argumentationen, und lassen sich daraus Rückschlüsse gewinnen, welche wesentlichen Merkmale zum Argumentieren gehören? Viele Nachschlagewerke nennen unter dem Stichwort „Argumentation" die Bedeutungen „Begründung" und „Beweisführung". Wo wird begründet? Wo finden sich Beweisführungen?

Schaut man sich einmal nach den Bereichen um, in denen das Argumentieren eine besondere Rolle spielt, dann findet sich eine ganze Reihe sehr unterschiedlicher Tätigkeitsfelder. Argumentationen im Alltag, journalistische Kommentare und politische Debatten gehören ebenso dazu wie Gerichtsverfahren, die wissenschaftliche Prüfung von Forschungsannahmen oder auch mathematische und logische Beweise. Vielleicht fallen Ihnen selbst spontan noch weitere Anwendungsfelder ein: Tarifverhandlungen oder Diskussionen bei Bürgerversammlungen, Talkshows im Fernsehen oder wirtschaftliche Personalentscheidungsfragen. Wir argumentieren tatsächlich in sehr vielen Lebensbereichen. Hier geht es jedoch nicht um eine vollständige Aufzählung, sondern um charakteristische, repräsentative Anwendungsfelder, die Aufschluss darüber geben, was das Argumentieren eigentlich ist. Wir wollen uns deswegen im Folgenden auf die sechs zuerst genannten Anwendungsfelder beschränken: Argumentationen im Alltag, journalistische Kommentare, politische Debatten, Gerichtsverfahren, wissenschaftliche Forschung sowie mathematische und logische Beweise. Eine Übersicht über die Anwendungsfelder des Argumentierens gibt die folgende Abbildung.

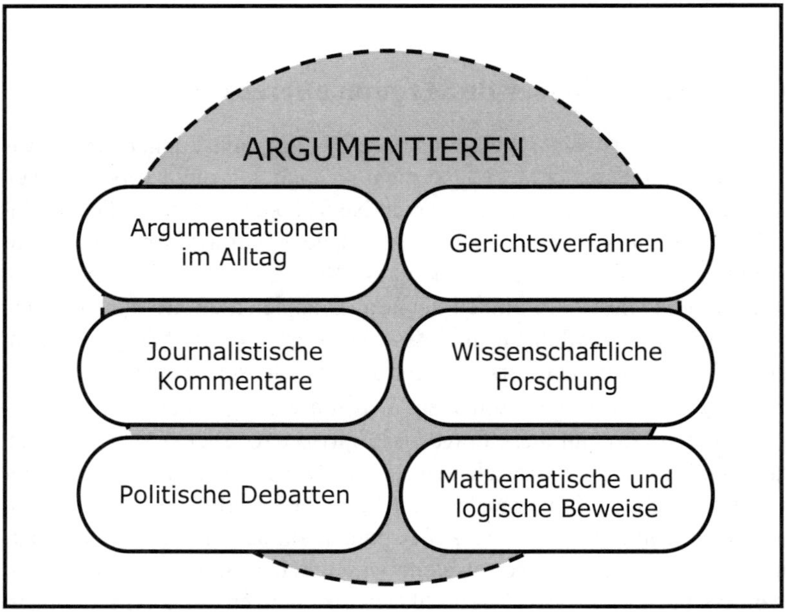

Abbildung 1-1: Anwendungsfelder des Argumentierens

Schauen wir uns diese Bereiche nun einmal etwas genauer an.

1. Argumentationen im Alltag. Im Alltag spielt das Argumentieren eine erhebliche, wenngleich kaum jemals bewusst wahrgenommene Rolle. Die Mutter sagt beispielsweise zu ihrer Tochter Jessica, sie müsse heute Abend um neun Uhr im Bett sein, sie habe morgen Schule. Was sich wie eine strikte Anweisung der Mutter anhört, ist in Wirklichkeit durchaus begründet. Die Begründung steckt in dem Hinweis auf die Schule, genau genommen ist sie darin versteckt, und muss erst einmal explizit formuliert werden. Für die Mutter versteht sich die Argumentation vielleicht von selbst, auf Nachfrage könnte man sie vielleicht folgendermaßen ausformulieren: Jessica soll in der Schule aufmerksam sein und etwas lernen, und das kann sie nur, wenn sie genügend Schlaf bekommt; genügend Schlaf bekommt sie nur, wenn sie um neun Uhr im Bett ist. In der Kurzform heißt es dann lapidar: „Ab ins Bett, du hast morgen Schule!"

In ähnlicher Weise finden sich viele zumeist versteckte und kaum jemals vollständig ausformulierte Argumentationen in Alltagsgesprächen darüber, was vom neuen Papst zu halten oder wie die wirtschaftliche Situation und Entwicklung zu beurteilen ist. Immer dann, wenn es um strittige oder kritische Fragen geht, bei denen es Meinungsverschiedenheiten geben kann – sicherlich will auch Jessica länger als bis neun Uhr aufbleiben, sonst hätte sich die Mutter den Hinweis auf die Schule sparen können –, beginnt das Argumentieren. Argumentieren heißt, einen Standpunkt einnehmen und diesen Standpunkt mit den Mitteln des sachlichen Abwägens von Argumenten verteidigen.

Besonderes Gewicht bekommt das Argumentieren immer dann, wenn es um die Vernünftigkeit von Entscheidungen geht. Was spricht dafür, einen Hund anzuschaffen, was spricht dagegen? Wohin soll es im Urlaub gehen, und welche Argumente sprechen für die Wahl? Allgemeiner: Wie soll ich mich in einer bestimmten Situation verhalten? Was soll ich tun? Einige Entscheidungen mögen relativ einfach sein wie etwa die geeignete Auswahl eines Urlaubsortes. Andere Fragen sind komplex und von enormer Tragweite. Manchmal sind dabei auch schwierige moralische Fragen berührt: Ist mein pflegebedürftiger Vater besser zu Hause oder in einem Heim aufgehoben? Soll ich trotz der schwierigen Arbeitsmarktsituation meinen Job kündigen? Einiges spricht dafür, einiges dagegen. Besonders problematisch wird es, wenn es zu viele oder keine zufrieden stellenden Handlungsalternativen gibt. Dann hat man „die Qual der Wahl" oder sieht sich „zwischen Skylla und Charybdis" und kann vielleicht ohnehin nur

„das kleinere Übel wählen". Steckt man selbst in der Situation, möchte man vielleicht einen guten Rat. Aber wann ist ein Rat gut, wann ist er akzeptabel? Hier öffnet sich das Feld für Argumentationen, für das Für und Wider von Handlungsalternativen.

Was für Entscheidungen im Bereich persönlicher Handlungsspielräume gilt, gilt ebenso für Entscheidungen, von denen überwiegend andere betroffen sind oder die sich auf eine abstrakte Allgemeinheit oder Öffentlichkeit beziehen. Wie sollen sich Jugendliche gegenüber Älteren verhalten? Welches Verhalten fordern wir von Lehrern, Hundehaltern, Politikern und Kabarettisten oder Zeitungsverlegern? Noch allgemeiner: Wie sollten sich Deutsche im Urlaub im Ausland verhalten? Immer dann, wenn bei solchen Fragen verschiedene Meinungen aufeinander treffen und eine Diskussion entsteht, werden Standpunkte formuliert und durch eine Argumentation zu verteidigen versucht.

2. Der journalistische Kommentar. Auch im journalistischen Kommentar in Zeitung, Rundfunk, Fernsehen und Internet wird viel argumentiert. Der Kommentar verbindet die Informationsvermittlung mit der Meinungsbildung. Dabei geht es um eine begründete und informative Stellungnahme zu Streitfragen oder tagesaktuellen Themen. Sollte es Politikern erlaubt sein, Nebeneinkünfte zu haben? Welche Konsequenzen sind aus einer Beißattacke eines Schäferhundes vor einem Kindergarten zu ziehen? Bedeutet das Fehlen einer Kerosinsteuer eine unrechtmäßige steuerliche Bevorzugung des Flugverkehrs gegenüber der Bahn? Wie soll sich die Gesellschaft angesichts einer zunehmenden Zahl verwahrloster Säuglinge und Kleinkinder verhalten? Im Kommentar werden Pro- und Contra-Argumente aufgeführt, gewichtet und bewertet. Ziel ist eine ausgewogene und zugleich meinungsbildende Darstellung oder Analyse einer komplexen Sachfrage. Je nach Kontext kann der Kommentar verschiedene Formen annehmen: Sachverhalts- oder Texterörterung, gesellschafts- und kulturpolitische Analyse, Kunstbegutachtung oder die Bewertung sozialen Verhaltens.

Es gibt Kommentare, die den Schwerpunkt auf die Information legen und sich mit einer Bewertung zurückhalten. Vielleicht kann die Kommentatorin eine bestimmte Frage nicht eindeutig entscheiden, vielleicht stellt sie anstelle der Ausgangsfrage eine andere, bisher unberücksichtigte Frage, die sie für die entscheidende Frage hält, in den Mittelpunkt. Die Auswertung bleibt dann der Leserin, Hörerin oder Zuschauerin überlassen. Gute Kommentare beziehen sich auf eine klar abgegrenzte Ausgangsfrage, beleuchten Hintergrund und kritische Aspekte und kommen am Schluss zu einer eindeutigen bewertenden Aussage.

3. Die politische Debatte. Ein dritter, traditionell besonders eng mit dem Argumentieren in Verbindung gebrachter Bereich ist die politische Debatte. Im politischen Parlament werden Gesetzesvorlagen, Verordnungen und andere beschlussfähige Papiere eingereicht und aus unterschiedlichen Positionen heraus mit Pro- und Contra-Argumenten diskutiert. Allerdings wird gerade in der Parlamentsdebatte die rationale Argumentation auch oft überlagert von parteipolitischen Macht- und Interessenlagen, dem geschickten Verweis auf tatsächliche oder auch nur vorgeschobene Sachzwänge, übermäßig ausgeprägter Redegewandtheit, menschlicher Eitelkeit und nicht zuletzt auch von den spezifischen internen Spielregeln der parlamentarischen Auseinandersetzung.

Die Schelte, dass es der politischen Parlamentsdebatte oft an Sachlichkeit und dem ernsthaften Bemühen zur Problemlösung fehlt, ist so alt wie die Politik selbst. Bereits in der Antike beklagte Platon, dass Sophisten wie Gorgias oder Protagoras den seinerzeitigen politischen Emporkömmlingen einen für die politische Karriere unentbehrlichen Rhetorikunterricht gaben und damit die Redekunst von der Wahrheitssuche abkoppelten. Man kann von der politischen Debatte zweifellos viel lernen, das richtige Argumentieren ist jedoch nur ein vergleichsweise geringer Teil davon. Übrigens gilt das auch für den Überschneidungsbereich zwischen politischer Debatte und journalistischem Kommentar: Je mehr sich der Kommentar mit Parteipolitik oder den beliebten Personalfragen beschäftigt, umso stärker tritt gewöhnlich die Beurteilung von Sachfragen in den Hintergrund.

4. Das Gerichtsverfahren. Ein wichtiges Anwendungsfeld für Argumentationen bildet die Justiz, genauer die Beweisführung vor Gericht. Auf den ersten Blick sieht es so aus, als ginge es auch hier um einen Streit der Meinungen, wobei Verteidigung und Staatsanwaltschaft jeweils die Rolle der für beziehungsweise gegen den Angeklagten argumentierenden Partei einnehmen und die Richterin ein Urteil zu fällen hat. Es gibt jedoch gravierende Unterschiede zu einer Diskussion oder Debatte. Vor Gericht geht es – wenigstens dem Ideal nach – um Wahrheitsfindung durch Beweisführung. Das sind bei weitem strengere Anforderungen als bei einer Meinungsdiskussion.

Die Richterin war nicht dabei, als die Tat begangen wurde. Sie weiß nicht aus erster Hand, was passiert ist, und muss sich daher auf ein festgelegtes zuverlässiges Vorgehen zur Wahrheitsfindung, die Beweisführung, verlassen können. Das Beweisverfahren selbst kann sehr unterschiedliche Formen annehmen, je nachdem, ob es sich um ein Verfahren des Zivilrechtes, des öffentlichen Rechtes oder des Strafrechts handelt, und auch die zugehörige Prozessordnung ist sehr ausdifferenziert. Entscheidend ist, dass die jeweils zugelassenen Beweisverfahren kodifiziert sind, das heißt, sie sind eindeutig ausformuliert, geprüft und im Zweifelsfall begründet. Die Kodifizierung hat den Vorteil, dass die zugelassenen Beweisverfahren und Beweismittel kein Geheimwissen darstellen, die Beteiligten können sich darauf berufen und sie notfalls auch einklagen.

Dass das Gerichtsverfahren strengen Regeln folgt, bedeutet nicht, dass es perfekt oder unfehlbar wäre. Das juristische Beweisverfahren ist zugestandenermaßen niemals vollkommen objektiv. Auch Richter sind Menschen, und unterschiedliche Richter fällen unterschiedliche Urteile. Zudem findet das Gerichtsverfahren nicht in einem idealen Raum unter idealen Bedingungen statt. Die für ein Verfahren zur Verfügung stehende Zeit ist meist ebenso beschränkt wie die finanziellen Mittel. Das Verfahren kann die Richtigkeit des Urteils deswegen auch nicht garantieren, es kann aber sicherstellen, dass das Urteil auf möglichst vernünftige, unparteiische, unvoreingenommene und insofern auf die bestmögliche Art und Weise zustande kommt. Eine Richterin muss zu einem Urteil kommen, sie tut dies nach reiflicher Prüfung aller ihr vorgelegten Belege, die den Sachverhalt betreffen, und nach bestem Wissen und Gewissen. Ihr Ziel, so unvollkommen es auch erreicht werden mag, ist die Wahrheitsfindung.

5. Wissenschaftliche Forschung. Ein weiterer großer Bereich, in dem Argumentationen vorkommen, ist das Gebiet der wissenschaftlichen Forschung, und hier speziell das der Prüfung von natur- oder geisteswissenschaftlichen Forschungsannahmen. Solche Annahmen sollen hier verallgemeinernd als „Hypothesen", also als Vermutungen bezeichnet werden. Was sind wissenschaftliche Hypothesen, wie werden sie aufgestellt, wie werden sie geprüft und welche Rolle spielt dabei das Argumentieren?

Dazu ein typischer Fall aus der Medizin. Eine Wissenschaftlerin, die sich längere Zeit mit Krebszellen bei Ratten beschäftigt hat, formuliert eine Hypothese über den Zusammenhang zwischen der Bildung solcher Zellen und einem gewissen Stoff XY. Die Hypothese lautet beispielsweise, dass der Stoff XY die vermehrte Bildung von Krebszellen anregt. Nach dem Aufstellen dieser Vermutung überlegt sie, mit Hilfe welcher Tests sie die Hypothese bestätigen oder widerlegen kann. Das Ideal ist, dass die Forschung unvoreingenommen durchgeführt wird, das heißt beide Behauptungen, die eines Zusammenhangs und die, dass es keinen Zusammenhang zwischen den Krebszellen und XY gibt, gelten bis zum Ergebnis der Überprüfung als gleichberechtigte Alternativen. Soweit das Ideal. Die Wirklichkeit sieht natürlich etwas anders aus. Die Wissenschaftlerin wird sich zunächst um eine Bestätigung ihrer Hypothese bemühen und erst, wenn dieser Bestätigungsversuch scheitert, wird sie ihre Ausgangsannahme in Frage stellen. Dieses „wissenschaftliche Vorurteil" wird in der Praxis dadurch auszugleichen versucht, indem man fordert, dass die wissenschaftlichen Nachweisverfahren sehr strengen, standardisierten und mit statistischen Verfahren verknüpften Kriterien genügen müssen. Es ist also genau festgelegt, was als Nachweis gilt und was nicht.

Was hat das mit Argumentieren zu tun? Der Bezug zum Argumentieren wird deutlich, wenn man das Prüfverfahren folgendermaßen formuliert: Eine wissenschaftliche Hypothese ist eine Behauptung über einen bestimmten Zusammenhang. Wird diese Behauptung im Verlauf der Tests bestätigt, so ist der in der Hypothese behauptete Zusammenhang *begründet*; kann die Behauptung hingegen nicht bestätigt werden, dann ist die Annahme des Zusammenhangs *unbegründet*. Dies wird sogar noch deutlicher, wenn die Forschungsergebnisse angezweifelt werden und die Wissenschaftlerin ihre Ergebnisse und Methoden verteidigen soll. Die Forscherin vertritt dann den Standpunkt, dass das Forschungsergebnis korrekt ist und beruft sich zur Begründung dieser Annahme auf den regulären Forschungsablauf und die richtige Anwendung der wissenschaftlichen Methoden.

6. Mathematische und logische Beweise. Zwei Bereiche, die auf den ersten Blick viel mit Beweisführung, aber wenig mit dem Argumentieren zu tun haben, sind Mathematik und Logik. Dieser Eindruck ist nicht ganz falsch, aber er ist auch nicht ganz richtig. Mathematische und vor allem logische Beweise haben sehr wohl etwas mit dem Argumentieren zu tun. Der Zusammenhang ist allerdings ein bisschen komplexer und lässt sich kaum in einem einfachen Satz ausdrücken. Es lohnt sich jedoch, diesem interessanten Zusammenhang zwischen mathematischen und logischen Beweisen einerseits und dem Argumentieren andererseits einmal etwas genauer nachzugehen. Auf diese Weise ergibt sich auch eine spannende Ergänzung und Klarstellung unseres Verständnisses vom Argumentieren ebenso wie vom logischen Schließen.

Schauen wir zunächst auf den mathematischen Beweis. Was ist eigentlich das Besondere an einem mathematischen Beweis? Das Faszinierende an mathematischen Beweisen ist sicherlich ihre Klarheit, Präzision und Überzeugungskraft. Mathematische Beweise sind – wenigstens für die mit dem Fachgebiet vertrauten Mathematiker – klar, verständlich, präzise und zwingend.

Wie kommt diese Präzision und zwingende Überzeugungskraft zustande? In der Mathematik bezeichnet der Ausdruck „Beweis" klassischerweise die Ableitung eines mathematischen Satzes aus einer Menge von Grundannahmen, den so genannten Axiomen eines Systems. Bei der Ableitung geht man nach genauen Regeln schrittweise von einer Aussage zur nächsten über, bis man am Ende die gewünschte Aussage erhält, sie ist dann „bewiesen". Der Clou des mathematischen Beweises besteht darin, dass das bewiesene Ergebnis niemals absolut, sondern immer nur relativ zu den Grundannahmen und Ableitungsregeln bewiesen wird. Das bewiesene Ergebnis ist also nicht an sich richtig, sondern nur sofern die Grundannahmen wahr sind und die Standards und Regeln, die bei dem Beweisverfahren beachtet werden müssen, eingehalten wurden.

Der große Vorteil eines mathematischen Beweises ist seine Transparenz: Jeder Beweisschritt ist – wenigstens im Prinzip – nachvollziehbar, das heißt es ist kein Geheimwissen nötig, um den Beweis nachzuprüfen, und es gibt keine Lücken, das heißt jeder Beweisschritt ist explizit aufgeführt. Soweit die Theorie. In der Praxis sind Mathematiker oft viel „schlampiger". Versierte Mathematiker lassen häufig viele Schritte bei ihren Beweisen aus, weil sie sich – wenigstens in ihren Augen – von selbst verstehen, und arbeiten mit Abkürzungen und Annäherungen. Alle Beweisschritte tatsächlich aufzuführen, wäre in der Praxis meist viel zu zeitraubend und unproduktiv. Entscheidend ist jedoch, dass die Beweisschritte im Prinzip jederzeit nachgeliefert werden könnten.

Kein Wunder, dass die bemerkenswerte Klarheit, Präzision und zwingende Überzeugungskraft eines mathematischen Beweises den Wunsch weckte, solche Beweisverfahren auch für andere Bereiche zu entwickeln. Lange Zeit verstand man deshalb den mathematischen Beweis als ideales Vorbild für die Begründung von Wissen und Erkenntnissen überhaupt. So entstand im Laufe der Zeit ein weiteres, dem mathematischen Beweisverfahren analoges Beweisverfahren: das streng beweisende logische Schließen. Die Disziplin, in der dieses Verfahren entwickelt wurde, ist die formale Logik, eine Weiterentwicklung der durch Aristoteles aufgestellten antiken Logik unter Zuhilfenahme mathematischer Methoden.

Die formale Logik ist heute eine sehr ausgereifte und ausdifferenzierte universitäre Disziplin und gilt als Grundlage für die akademische Befassung mit dem philosophischen Argumentieren. Ohne allzu sehr ins Detail zu gehen, soll hier ganz kurz die Grundidee der formalen Logik geschildert werden. Sie beruht auf zwei Grundgedanken. Der erste Grundgedanke wurde schon angesprochen. Er besagt, dass man sich das mathematische Beweisverfahren als Vorbild zu Nutze machen kann, um ein neues, dem mathematischen analoges Beweisverfahren zu entwickeln, mit dem man ganz normale sprachliche Aussagen und Behauptungen, zum Beispiel über Politik, Wirtschaft, Soziales und überhaupt alle Themen, ebenso streng beweisen kann wie mathematische Theoreme. Der Kniff besteht darin, dass man sich dabei nicht auf die sprachlichen Aussagen als solche bezieht, sondern nur auf deren abstrakte Eigenschaften und auf die Folgerungsbeziehungen zwischen den Aussagen. Dazu wurde eine spezielle Technik, die so genannte „logische Formalisierung", entwickelt. Mit Hilfe dieser Technik reduziert man zunächst den Inhalt der Aussagen auf einige formale Grundbestandteile und betrachtet dann im Folgenden nur noch diese Grundbestandteile und ihre Zusammensetzungen. Dies ist der erste Grundgedanke der formalen Logik.

Der zweite Grundgedanke besteht darin, die Folgerungsbeziehungen zwischen den Aussagen zu einem System erlaubter beziehungsweise unerlaubter Folgerungsbeziehungen zu ordnen. Das sind die gültigen bzw. ungültigen logischen Schlüsse. Ein wichtiges Ziel der formalen Logik ist es daher, die Folgerungsbeziehungen vollständig zu erfassen, zusammenzustellen und zu ordnen und damit ein System von gültigen und ungültigen Schlüssen anzugeben. Soweit in aller Kürze die beiden Grundideen der klassischen formalen Logik.

Was hat nun Logik mit dem Argumentieren zu tun? Die formale Logik bietet ein Regelwerk zulässiger beziehungsweise unzulässiger logischer Schlüsse und damit eine Art Prüfmethodik für eine logische Beweisführung. Durch Anwendung der Regeln des logischen Schließens lässt sich herausfinden, ob eine vorgelegte Beweisführung widerspruchsfrei und gültig ist. Wie wir noch sehen werden hat das Argumentieren große Ähnlichkeit mit dem Schlussfolgern. In der Praxis ist die formale Methodik jedoch eher schwerfällig und unflexibel, die Formelsprache ist nur auf das Allernötigste beschränkt, wesentliche Bedeutungen echter Argumentationen lassen sich leider überhaupt nicht in der Formelsprache ausdrücken. Korrektes logisches Schlussfolgern ist also noch kein vollgültiges Argumentieren. Der Wert der Logik für das Argumentieren liegt hauptsächlich auf der theoretischen Ebene, indem sie entscheidend dazu beigetragen hat, logische Zusammenhänge zu klären und notwendige Differenzierungen einzuführen.

2. Argumentieren: Diskussion oder Beweisverfahren?

Die bisher betrachteten Anwendungsfelder des Argumentierens lassen sich in zwei große Gruppen einteilen. In die erste Gruppe gehören die ersten drei Anwendungsfelder: Alltagsargumentationen, journalistische Kommentare und politische Debatten. Hierbei geht es überwiegend um die Austragung eines Meinungsstreits in Form einer Diskussion mit Abwägung der Pro- und Contra-Argumente. In die zweite Gruppe gehören die Anwendungsfelder 4 bis 6: Gerichtsverfahren, Überprüfung wissenschaftlicher Vermutungen und mathematische und logische Beweise. Hierbei geht es darum, durch Anwendung genau festgelegter Test- und Beweisverfahren Erkenntnisse zu gewinnen. Entsprechend lässt sich auch das Argumentieren zum einen als Rechtfertigung des eigenen Standpunktes, zum anderen als Mittel zur Suche nach und Gewinnung von Erkenntnis und Wahrheit verstehen. Eine Übersicht über beide Arten von Argumentation gibt die folgende Abbildung.

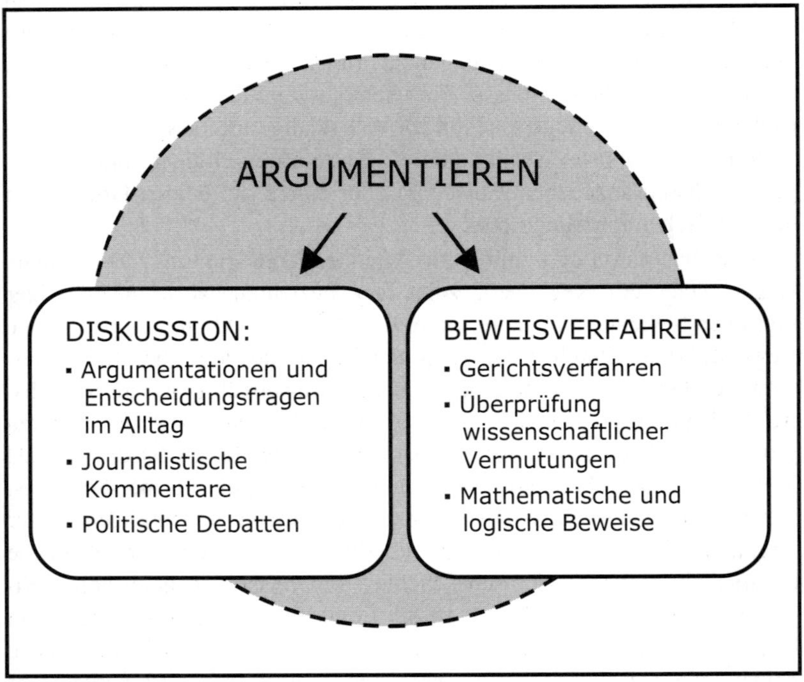

Abbildung 1-2: Diskussion und Beweisverfahren

Argumentationsform I: Diskussion

Argumentationen im Alltag, in journalistischen Kommentaren und politischen Debatten sind typische Beispiele für eine ganz bestimmte Art von Argumentation, die sich etwa wie folgt beschreiben lässt:

Argumentationssituation. In einer Gesprächssituation diskutieren meist mehrere Teilnehmer, die unterschiedliche Standpunkte vertreten, miteinander oder gegeneinander. Das Thema ist meist eine komplexe und kontroverse Sach- oder Entscheidungsfrage, oft ein ganzer Themenkomplex.

Argumentationsziel. Das Ziel der Argumentation besteht darin, den eigenen Standpunkt möglichst wirkungsvoll zu präsentieren und gegen Angriffe zu verteidigen, um den Kontrahenten – oder eine dritte Instanz, zum Beispiel die Öffentlichkeit – für sich zu gewinnen. In einigen Fällen, zum Beispiel bei Tarifverhandlungen, versuchen die Diskussionsteilnehmer, einen Kompromiss auszuhandeln. Der eigene Standpunkt wird also nicht immer auf Biegen und Brechen verteidigt, meist aber als bevorzugte Alternative angesehen.

Argumentationsmittel. Die Mittel der Argumentation sind sehr vielfältig und unterliegen kaum festen Beschränkungen, nur persönliche Beleidigungen sollten vermieden werden. Bei einer sachlich-rationalen Argumentation besteht das Argumentieren darin, den eingenommenen Standpunkt durch Argumente zu begründen und plausibel zu machen, gegebenenfalls auch die gegnerischen Argumente zu entkräften und so zu einem ausgewogenen konsensfähigen Urteil zu gelangen.

Daneben gibt es eine Reihe weiterer Mittel, die in Diskussionen angewendet werden. Manche Gesprächspartner bemühen sich beispielsweise darum, durch gescheite oder unterhaltsame Bemerkungen interessant zu wirken oder durch Vertrauen erweckende oder provokante Gesten ein bestimmtes Image von sich zu vermitteln. Diese Mittel richten sich darauf, Sympathie und Antipathie hervorzurufen oder zu verstärken. Sie gehören eigentlich nicht zur Argumentation, sie haben mit dem sachlichen Kern, dem Diskussionsthema als solchem, nichts zu tun, wirken aber oft entscheidend auf das Gesamtbild der Diskussion und dürfen daher nicht außer Acht gelassen werden. Insofern es um die sachlich-rationalen Aspekte einer Diskussion geht, ist also das Argumentieren gefragt, ansonsten der aufmerksame und kritische Blick auf rhetorische oder verhaltenspsychologische Kniffe und Tricks der wirkungsvollen Gesprächsführung.

Argumentationsform II: Beweisverfahren

Ein ganz anderes Bild ergibt sich für die Argumentation in den drei anderen Anwendungsfeldern, also bei Gerichtsverfahren, der Überprüfung wissenschaftlicher Forschungsergebnisse und mathematischen und logischen Beweisen:

Argumentationssituation. Die typische Situation ist hierbei nicht eine Diskussion, sondern eine Überprüfung oder Analyse. Es müssen auch nicht mehrere daran beteiligt sein, manchmal ist es eine einzelne Richterin in ihrem Arbeitszimmer, eine Wissenschaftlerin im Labor oder eine Mathematikerin vor einem leeren Blatt Papier.

Argumentationsziel. Das Ziel besteht darin, eine nachprüfbare Antwort auf eine zugespitzte, möglichst eindeutig und präzise formulierte Alternativfrage zu geben. Zur Wahl steht eine ganz bestimmte Behauptung, und es ist zu prüfen, ob diese Behauptung stimmt oder nicht. Hat der Stoff XY einen positiven Effekt auf die Bildung von Krebszellen? Kann dem Angeklagten die Tat eindeutig nachgewiesen werden? Lassen die bestehenden internationalen Abkommen und Verträge einen Entscheidungsspielraum hinsichtlich der Frage, ob sich die Bundesrepublik an einem Kriegseinsatz beteiligen muss oder nicht?

Argumentationsmittel. Im Gegensatz zur Argumentationsform I geht es hier nicht um die ungefähre Abwägung von Pro- und Contra-Argumenten mit ungewissem Ausgang, sondern um die definitive Klärung von Sachfragen nach strikt festgelegten akzeptierten Methoden. Das bedeutet nicht, dass die Anwendung dieser Methoden gänzlich objektiv und interesselos wäre. Und natürlich kann es auch zu Einsprüchen und Kritik kommen. Entscheidend ist jedoch, dass das Argumentieren auf die Prüfung und Klärung einer eingegrenzten Sachfrage gerichtet ist, dabei einem regelgeleiteten Verfahren unterworfen ist und das Ziel verfolgt, am Ende ein eindeutiges Resultat zu erhalten.

Eine Übersicht über die Hauptmerkmale beider Argumentationsformen gibt die Abbildung auf der folgenden Seite.

Es stellt sich nun die Frage, wie sich beide Argumentationsformen zueinander verhalten und wie sie zu beurteilen sind. Mit Bezug auf die erste Argumentationsform stellt sich die Frage: Gibt es besondere Stärken der Diskussion? Was kann eine Diskussion als Argumentationsform leisten? Aber auch: gibt es besondere Schwächen dieser Argumentationsform? Die gleichen Fragen stellen sich auch in Bezug auf die zweite Argumen-

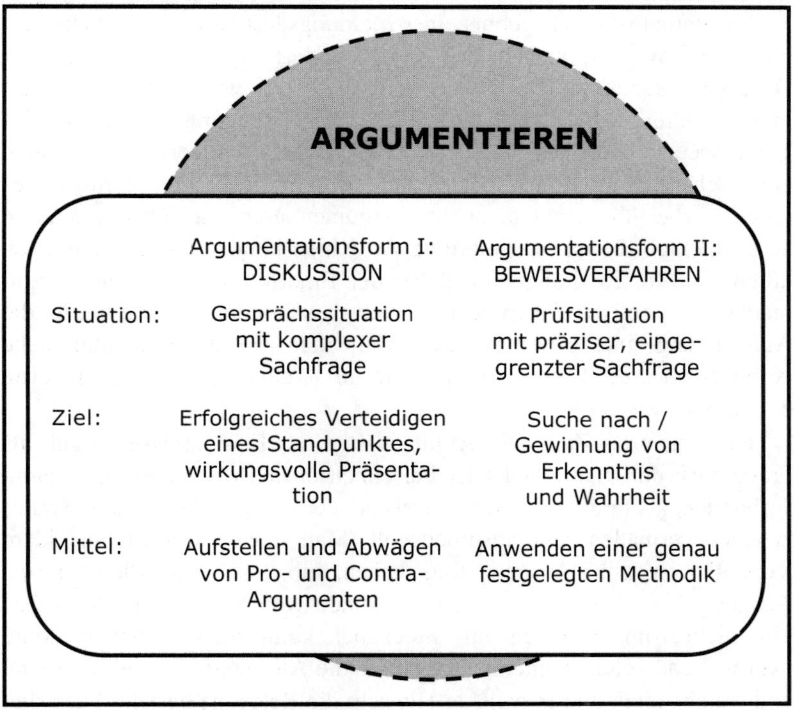

Abbildung 1-3: Merkmale der Argumentationsformen

tationsform: Welche besonderen Stärken und Schwächen hat das Beweisverfahren?

Beginnen wir mit der ersten Argumentationsform, der Diskussion. In Alltagsargumentationen, im journalistischen Kommentar und in der politischen Debatte werden oft viele Themen zu einem Themenkomplex verbunden und gleichzeitig angeschnitten. Komplexe Diskussionslinien zu verfolgen und am Ende mit vielen neuen Informationen und Anregungen aus einer Diskussion zu gehen, ist gewiss interessant. Eine umfassende Diskussion bietet die Möglichkeit, ein breites Spektrum von Ansichten zu einem Themenkomplex kennen zu lernen. Die begründete Stellungnahme im journalistischen Kommentar und die Austragung von Meinungsstreits in der Parlamentsdebatte sind und bleiben unverzichtbare Quellen für die Informationsvermittlung und politische Meinungsbildung. Oft ist damit viel gewonnen und in vielen Fällen lässt sich gar nicht mehr erreichen.

Manchmal ist das Ergebnis einer Meinungsdiskussion jedoch auch ernüchternd. Wir alle kennen den Spruch des Moderators am Ende einer Diskussionssendung: „Die Zeit ist leider um, und wir konnten nicht alle Fragen klären. Aber wir haben doch viele Anregungen erhalten, das Thema neu zu bedenken." Auch politische Debatten hinterlassen oft einen enttäuschenden Eindruck. Manchmal entsteht dabei der Verdacht, es ginge hierbei überhaupt nicht ums Argumentieren und Klären, sondern ausschließlich darum, vorgefertigte Ansichten kundzutun und Interessen durchzusetzen. Es drängt sich daher der Eindruck auf, dass eine Argumentation in einigen Fällen deutlich mehr leisten könnte, wenn mit ihr die Anforderung eines Beweisverfahrens mit dem Ziel der Erkenntnissuche verbunden würde. Damit kommen wir zur zweiten Argumentationsform, dem Beweisverfahren.

Fasst man das Ziel einer Argumentation als Erkenntnissuche auf, als Frage nach der Richtigkeit oder Falschheit einer Behauptung und, damit verbunden, als Frage nach den Beweisen oder Belegen dafür, dann ist dies zugegebenermaßen sehr anspruchsvoll. Man muss zunächst eine klare Vorstellung von der Ausgangsfrage haben, und es sollte wirklich nur eine Ausgangsfrage und nicht ein ganzes Bündel von Fragen sein. Man darf also nicht vom Hölzchen aufs Stöckchen kommen. Gleichzeitig sollte man wissen, welche weiteren Fragen für die Ausgangsfrage relevant sind und welche nicht und in welcher Hinsicht die Relevanz besteht. Dies sind anspruchsvolle Analyseschritte, die eine gewisse Disziplin und Konzentration und damit auch eine Selbstbeschränkung beim Argumentieren fordern. Vielleicht hätte die Richterin gerne noch mehr über die Tatumstände gewusst, aber sie beschränkt sich auf die Auswertung derjenigen Informationen, die für das spezielle Urteil relevant sind. Auch die Wissenschaftlerin würde sicher gerne noch mehr über den Stoff XY erfahren, aber ihr Thema war der Zusammenhang zwischen diesem Stoff und der vermehrten Bildung von Krebszellen.

Ob das Ziel der Erkenntnisgewinnung erreicht wird, hängt natürlich auch davon ab, welche Mittel zur Verfügung stehen. Im Gerichtsverfahren, in der naturwissenschaftlichen Forschung und auch in Mathematik und Logik gibt es standardisierte und kodifizierte Verfahren, auf die man sich berufen kann. Auch hier bestehen Ermessensspielräume, aber im Großen und Ganzen ist es relativ klar und geregelt, was als Prüf- oder Bestätigungsinstanz gilt und was nicht. In vielen anderen Bereichen ist dies jedoch viel weniger klar. Ist Wirtschaftswachstum wirklich eine notwendige Voraussetzung für den Abbau der Arbeitslosigkeit? Wie ließe sich diese Behauptung überprüfen? Führt die Erhöhung der Lebensarbeitszeit tatsächlich zu stabileren Staatseinnahmen im Gesamtgefüge der Wirtschaft? Wurden alternative Maßnahmen und deren mögliche Wirkungen überhaupt in Betracht gezogen? Wer so fragt, fragt nach Prüfung und Beweis.

Ob ein Beweis immer möglich ist, ist eine andere Frage. Viele Streitfragen sind sicherlich so komplex oder unklar, dass man gar nicht recht weiß, wie man sie eigentlich prüfen sollte. Trotzdem lohnt sich die Mühe, es wenigstens einmal zu versuchen. Wenn es gelingt, steht am Ende ein konkretes, im günstigsten Fall bewiesenes Resultat. Dieses Resultat kann in einer inhaltlichen Aussage über eine bewiesene oder widerlegte Behauptung bestehen oder auch nur in der Erkenntnis, dass sich die Frage mit den gegenwärtig verfügbaren Informationen nicht definitiv beantworten lässt. Jedenfalls ist dann klar, was alles noch nicht klar ist.

Aus diesen Gründen sollte man im Zweifelsfall dem Beweisverfahren immer den Vorzug gegenüber der Meinungsdiskussion geben. Eine Argumentation sollte so oft wie möglich als Überprüfungs- und Beweisverfahren verstanden werden, Streitfragen sollten als Suche nach Erkenntnis oder als Prüfung einer Behauptung mit Erkenntnisanspruch aufgefasst und auch so behandelt werden. Die Ausgangsfrage sollte möglichst eindeutig formuliert, gegebenenfalls zu einer Alternativfrage zugespitzt werden, unnötige Nebenfragen sollten ausgeklammert werden, und man sollte sich immer bemühen, ein Test- oder Beweisverfahren zur Entscheidung der strittigen Sachfrage zu entwickeln.

3. Begründen und Rechtfertigen, Erklären und Schlussfolgern

Bisher haben wir uns dem Argumentieren dadurch zu nähern versucht, indem wir uns angeschaut haben, welche typischen Anwendungsfelder des Argumentierens es gibt. Dabei haben wir zwei Hauptbereiche und damit auch zwei verschiedene Argumentationsformen voneinander unterschieden: Argumentieren als Diskussion mit Pro- und Contra-Argumenten und Argumentieren als Beweisverfahren zu Zwecken der Erkenntnissuche. Wir wollen jetzt etwas tiefer in den Mikrokosmos des Argumentierens vorzudringen versuchen. Was genau ist das Argumentieren? Wie funktioniert es, wozu dient es und was ist das Wesentliche daran?

Das Wesentliche am Argumentieren, sozusagen der Hauptcharakterzug, besteht in zwei Funktionen: dem Begründen und dem Rechtfertigen.

Immer dann, wenn man argumentiert, begründet man oder man rechtfertigt. Zugegeben, das Wort „Rechtfertigung" wird seltener mit dem Argumentieren in Verbindung gebracht, aber das liegt wohl hauptsächlich an dem negativen Beiklang: Eine Rechtfertigung lässt unmittelbar an Kritik oder Anklage denken, der gegenüber man sich rechtfertigen oder verteidigen soll. Nichtsdestotrotz, Argumentieren ist Begründen und Rechtfertigen.

Das wird klarer, wenn wir etwas tiefer in die Feinstrukturen des Argumentierens eindringen und das Argumentieren gegen drei damit verwandte Begriffe abgrenzen: das Erklären, das Schlussfolgern und das Vorhersagen. Einen ersten Überblick über die zentralen Begriffe zeigt die folgende Abbildung:

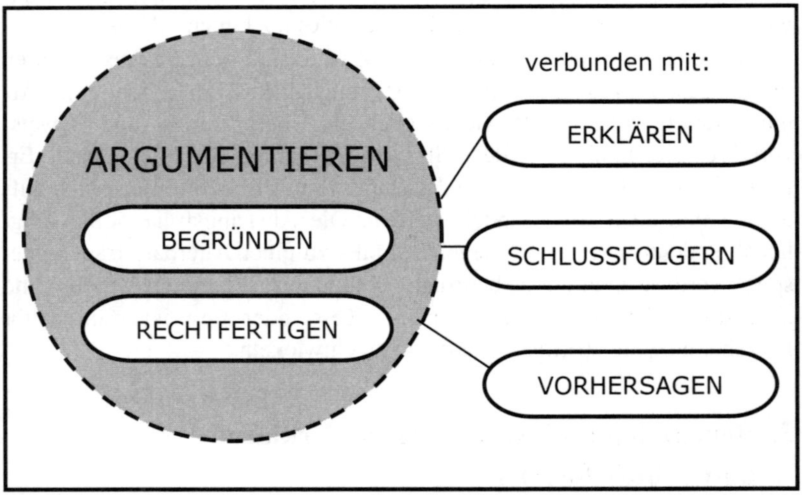

Abbildung 1-4: Argumentieren und verwandte Begriffe

Das Argumentieren im eigentlichen Sinne, also das Begründen und Rechtfertigen, wird oft nicht genau von den anderen genannten Begriffen – dem Erklären, Schlussfolgern und Vorhersagen – unterschieden. Begründen und Rechtfertigen, Erklären und Schlussfolgern sind allesamt elementare Tätigkeiten, die oft zusammen auftreten. In der Alltagssprache unterscheiden wir zwischen diesen verschiedenen Tätigkeiten meist überhaupt nicht oder nur ungefähr. Das sieht man unter anderem daran, dass das Wort „Grund" eine Art Universalwort ist, das oft ebenso bei Begründungen wie bei Erklärungen oder auch bei Schlussfolgerungen verwendet wird.

Wie wir später noch sehen werden, kann eine ungenügende Unterscheidung jedoch zu schwerwiegenden Verwechselungen, Missverständnissen und sogar zu regelrechten Argumentationsfehlern führen. Es lohnt sich daher auf jeden Fall, den Begriff des Argumentierens möglichst gleich am Anfang klar zu bestimmen, Gemeinsamkeiten und Unterschiede zwischen dem Argumentieren und den verwandten Begriffen deutlich herauszustellen und das Argumentieren gegenüber den verwandten Begriffen ausreichend abzugrenzen. Diese Vorgehensweise mag im Moment vielleicht etwas aufwändig oder auch verwirrend erscheinen. Sie ist jedoch unerlässlich, um sich ein genaueres Bild davon zu machen, worin die Tätigkeit des Argumentierens, also des Begründens und Rechtfertigens, eigentlich besteht. Am Ende erfolgt eine Zusammenfassung.

1. Begründen. Blicken wir zunächst etwas genauer auf das Begründen. Was genau ist eigentlich eine Begründung? Eine Begründung ist ein bestimmtes Verfahren, das dazu dient, eine ursprünglich strittige Behauptung akzeptabel zu machen. Durch eine Begründung sollen wir dazu veranlasst werden, einer Behauptung, der wir zunächst nicht zugestimmt haben oder vielleicht nicht zugestimmt hätten, nun doch zuzustimmen.

Ein Arzt muss sein Votum zugunsten einer bestimmten Therapie immer dann ausführlich begründen, wenn die Therapie nicht nur Heilungschancen, sondern auch besondere Risiken birgt. Wenn ein Politiker die Forderung dieser oder jener Maßnahme eigens begründet, dann weiß man: die Maßnahme ist unpopulär und nicht allgemein akzeptiert. Ein Unfallgutachter begründet sein Gutachten besonders ausführlich, wenn der Unfallhergang verwickelt war. Der Lehrer wird aufgefordert, seine Zensur zu begründen, wenn sie als ungerecht empfunden wurde. Kurz, Begründungen kommen immer dann ins Spiel, wenn Behauptungen strittig sind oder strittig sein können. Wir erinnern uns: Auch Jessica wollte nicht akzeptieren, um neun Uhr ins Bett geschickt zu werden.

Eine Behauptung ist strittig, wenn sie angezweifelt werden kann oder tatsächlich angezweifelt wird, wenn sie also begründungsbedürftig ist. Ob eine Behauptung tatsächlich zweifelhaft ist, hängt von den jeweiligen konkreten Umständen ab und lässt sich nicht pauschal beurteilen. Wichtig ist, dass derjenige, der die Behauptung aufstellt, meint, er müsse sie begründen, um sie akzeptabel zu machen. Wäre die Behauptung ohne weiteres akzeptabel, dann müsste sie nicht begründet werden. Eine strittige Ausgangsbehauptung heißt „These“. Die Ausgangssituation einer Begründung ist also die, dass eine These akzeptabel gemacht werden soll. Dies geschieht durch Gründe. Damit die Gründe dies leisten können, dürfen sie nicht ebenso strittig sein wie die Behauptung, die begründet werden soll. Vielmehr sollten die Gründe in einem höheren Grad akzeptiert sein als die These. Wären die Gründe genauso strittig wie die These, könnte man sich die Begründung auch gleich ganz sparen. Gründe sind also prinzipiell nichts anderes als Behauptungen, nur sind sie häufig bereits akzeptierte Behauptungen. Gründe, die akzeptiert sind, nennt man manchmal auch „Voraussetzungen“ oder „Prämissen“. Bei einer Begründung versucht man also letztlich, eine strittige These auf bereits akzeptierte oder zumindest weniger strittige Voraussetzungen zurückzuführen. Man sagt dann auch, die These wird durch die Gründe gestützt.

2. Rechtfertigen. Das praktische Gegenstück zur Begründung ist die Rechtfertigung. Eine Rechtfertigung ist eine Handlungsbegründung. Dazu ein Beispiel. Als Jessicas Vater seine Tochter einmal grundlos anranzte, entschuldigte er sich später bei ihr und *rechtfertigte* sein Verhalten, indem er ihr sagte, er habe es nicht so gemeint, er habe einen besonders harten Arbeitstag gehabt. Als Jessica später als erwartet nach Hause kam, *rechtfertigte* sie ihre Verspätung dadurch, dass sie unbedingt noch der Oma beim Einkaufen helfen musste. Eine Rechtfertigung ist also keineswegs immer die Verteidigung eines schlechten Verhaltens, sie kann sich auch auf ein positives Verhalten beziehen. Entscheidend ist, dass sie sich auf praktisches Handeln und Verhalten bezieht.

Während sich Begründungen auf Behauptungen, Meinungen, Einschätzungen, Überzeugungen – also auf geistige Vorstellungen – beziehen, beziehen sich Rechtfertigungen auf praktische Handlungen und Verhaltensweisen. Rechtfertigungen sind Handlungsbegründungen. Im öffentlichen Sprachgebrauch geht hier leider so manches durcheinander. Es lohnt sich jedoch, Begründungen und Rechtfertigungen nach Möglichkeit voneinander zu unterscheiden. Die Faustregel lautet: Überzeugungen werden begründet, Handlungen werden gerechtfertigt.

Manchmal ist es allerdings sehr schwer, zwischen Überzeugungen und Handlungen sauber zu trennen. Eine scharfe Grenzziehung ist nicht immer möglich, es gibt Grauzonen, denn Überzeugungen und Handlungen greifen oft Hand in Hand: Überzeugungen sind der Grund zum Handeln und Handlungen fußen auf Überzeugungen. Wenn die Energiewirtschaft zum Beispiel die Gaspreise erhöht, dann *rechtfertigt* sie die Preiserhöhung durch den Hinweis auf die ebenfalls gestiegenen Rohölpreise. Zugleich vertritt sie aber auch die Überzeugung, dass das neue Preisniveau angemessen ist. Man könnte deswegen auch sagen: Die Gasbranche *begründet* ihre Überzeugung, dass die neuen, erhöhten Preise angemessen sind, und *rechtfertigt* damit zugleich die Preiserhöhung.

Auch wenn eine scharfe Grenzziehung zwischen dem Begründen und dem Rechtfertigen nicht immer leicht ist, gibt es doch genügend Fälle, bei denen eine Unterscheidung möglich und sinnvoll ist. „Die Europäische Zentralbank *rechtfertigte* die Zinserhöhung mit der gestiegenen Inflationsrate und den drohenden Verlusten bei kleinen und mittleren Anlegern." „Die Verschärfung der Sicherheitsvorkehrungen auf dem Flughafen wurde durch die Terrorattacken der letzten Wochen *gerechtfertigt*." Es gab eine Zinserhöhung und es gab eine Verschärfung der Sicherheitsvorkehrungen, und beides sind keine Überzeugungen, sondern Handlungen.

Soweit zu den Kernbegriffen des Argumentierens, dem Begründen von Überzeugungen und dem Rechtfertigen von Handlungen. Daneben gibt es weitere Begriffe, die oft im Zusammenhang mit Argumentationen vorkommen, die aber nicht zum Argumentieren im engeren Sinne gehören und deswegen davon unterschieden werden sollten.

3. Erklären. Der erste wichtige vom Argumentieren zu unterscheidende Begriff ist das Erklären. Eine Erklärung ist ein Antwortversuch auf eine Warum-Frage. Warum kocht Wasser bei etwa 100 Grad Celsius? Die Erklärung hierfür lautet in groben Zügen etwa wie folgt: Bei einer Temperatur von etwa 100 Grad Celsius wird ein Schwellenwert erreicht, bei dem flüssiges Wasser genügend kinetische Energie besitzt, um seinen Aggregatszustand zu ändern und in gasförmigen Wasserdampf überzugehen; den Übergang vom flüssigen in den gasförmigen Zustand nennen wir bei Wasser gewöhnlich „kochen". Soweit das Beispiel für eine Erklärung.

Eine Erklärung gibt eine Antwort auf die Frage: Warum ist das so? Wie kommt das? Sie zielt also darauf ab, etwas verständlich zu machen. Im Gegensatz zu einer Begründung ist die Ausgangsbehauptung einer Erklärung nicht strittig: Die Tatsache, dass Wasser bei etwa 100 Grad Celsius kocht, wird nicht bestritten. Vielmehr wird diese Tatsache akzeptiert und zum Ausgangspunkt einer Verständnisfrage gemacht: Warum ist das so? Erklärungen versuchen nicht, die Ausgangsbehauptung zu begründen oder zu rechtfertigen, sondern eben „nur" zu erklären, also verständlich zu machen.

Den Zusammenhang zwischen Begründung und Erklärung soll die folgende Abbildung verdeutlichen:

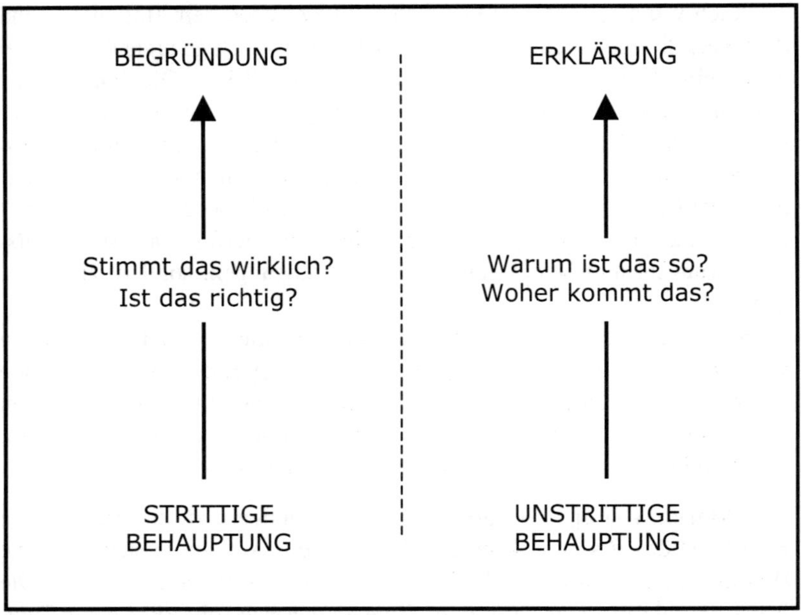

Abbildung 1-5: Begründen und Erklären

Es gibt Fälle, bei denen mehrere Erklärungsmöglichkeiten in Betracht kommen. Liegt das Waldsterben nun eigentlich an der anhaltenden Trockenheit, am Borkenkäfer oder an den schädlichen Einflüssen der Industrie? Hierüber kann es natürlich auch zu Meinungsverschiedenheiten und heftigen Diskussionen kommen. Aber auch in diesem Fall ist die Ausgangsfrage der Erklärung nicht strittig: *Dass* es ein Waldsterben gibt, wird nicht bezweifelt. Wenn eine Erklärung strittig ist, dann ist es immer die Antwort, die strittig ist, nicht die Ausgangsfrage. Wenn die gegebene Erklärung, also die Antwort auf die Ausgangsfrage, strittig ist und bezweifelt wird, muss sie begründet werden. In diesem Fall würde wiederum eine Argumentation für oder wider die Erklärung beginnen, aber die Erklärung selbst ist dann nicht die Argumentation, sondern das, worum es in der Argumentation geht.

4. Schlussfolgern und Vorhersagen. Ein weiterer mit dem Argumentieren verwandter Begriff ist die Schlussfolgerung. Eine spezielle Form der Schlussfolgerung ist die Vorhersage oder Prognose. Beginnen wir zunächst mit der Schlussfolgerung im Allgemeinen.

Die Schlussfolgerung kennen wir besonders aus Kriminal- und Detektivgeschichten. Sherlock Holmes überrascht seinen Freund Watson immer wieder damit, dass er aus einer Reihe von Annahmen und Beobachtungen bestimmte Schlussfolgerungen zieht. Aber natürlich ist der Bereich der Kriminalfälle nur einer von vielen, in denen Folgerungen eine wichtige Rolle spielen. Ganz zentral sind Schlussfolgerungen für das Finanzwesen, und hier besonders für das Börsengeschehen, wenn zum Beispiel aus der wirtschaftlichen Entwicklung einer Firma auf deren Börsenwert geschlossen wird. Ebenso in der Politik, wenn es heißt: „Alle vorgelegten Informationen lassen nur den Schluss zu, dass der Minister von den Vorgängen gewusst haben muss."

Eine Schlussfolgerung hat viel Ähnlichkeit mit einer Begründung, sie ist gewissermaßen eine Begründung in umgekehrter Richtung. Bei einer Begründung steht am Anfang die These und man versucht, zu dieser These eine Menge von akzeptierten Gründen oder Voraussetzungen, eben die Begründung, zu finden. Demgegenüber ist bei einer Schlussfolgerung der Ausgangspunkt gerade umgekehrt eine Menge von Voraussetzungen, bei denen man sich fragt, was man daraus ableiten kann, eben die Schlussfolgerung. Anders gesagt: Eine Behauptung wird begründet, indem sie aus Voraussetzungen gefolgert wird, und aus Voraussetzungen lässt sich eine Schlussfolgerung ziehen. Wichtig ist folgender Zusammenhang: Immer dann, wenn ich einen Grund A als Begründung für eine These B akzeptiere, dann muss ich auch B als mögliche Folgerung aus A akzeptieren. Dazu wieder das bekannte Jessica-Beispiel:

Begründung:	**Schlussfolgerung:**
Jessica soll jetzt ins Bett. Warum? *Weil* sie morgen früh Schule hat.	Jessica hat morgen früh Schule. Was folgt daraus? *Also* soll sie jetzt ins Bett.

Beide Beziehungen, die Begründungsrelation und die Folgerungsrelation, sind zueinander symmetrisch. Wie wir später noch sehen werden, kann man sich diese Symmetrie sehr gut praktisch zunutze machen, um herauszufinden, ob eine Argumentation vollständig ist. Wir werden darauf zurückkommen.

Der Hauptunterschied zwischen einer Begründung und einer Schlussfolgerung besteht wiederum darin, dass bei einer Schlussfolgerung weder die Folgerung noch die Voraussetzungen strittig sein müssen. Manchmal sind sie es, manchmal auch nicht, es gehört jedenfalls nicht notwendig dazu. Wird eine Schlussfolgerung als strittig angesehen und bezweifelt, muss sie begründet werden. In diesem Fall würde wiederum eine Argumentation für oder wider die Schlussfolgerung beginnen, aber die Schlussfolgerung selbst ist dann nicht die Argumentation, sondern das, worum es in der Argumentation geht.

Den Zusammenhang zwischen Schlussfolgerung und Begründung soll die folgende Abbildung verdeutlichen:

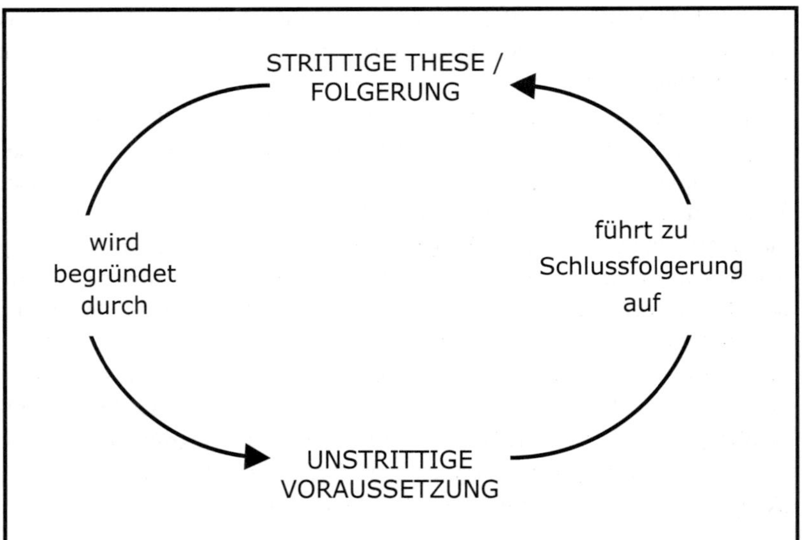

Abbildung 1-6: Begründen und Schlussfolgern

Eine spezielle Form der Schlussfolgerung ist die Vorhersage oder Prognose, bei der vom gegenwärtigen (oder manchmal auch vergangenen) Zeitpunkt auf die Zukunft geschlossen wird.

Begründung:
Jessica soll jetzt ins Bett. Warum? *Weil* sie morgen früh Schule hat.

Prognose:
Wenn Jessica *jetzt* nicht ins Bett geht, dann ist sie *morgen* zu müde für die Schule.

Weitere vertraute Anwendungsfälle für Prognosen sind zum Beispiel Wettervorhersagen, die Vorhersage einer Sonnenfinsternis, Wahlprognosen, Vorhersagen über die zukünftige Entwicklung der Umwelt und demographische Prognosen über die Altersentwicklung der Bevölkerung. „Wenn sich dieser Trend in den nächsten Jahren genau so fortsetzt wie bisher, dann lässt sich folgern, dass der prozentuale Anteil alter Menschen in der Gesellschaft noch erheblich steigen wird.“ All diese Arten von Prognosen stellen eine besondere Form von Schlussfolgerung dar.

Auch wenn Schlussfolgerungen und Prognosen große Ähnlichkeiten mit dem Argumentieren haben, ist die Schlussfolgerung selbst noch keine Argumentation. Sie kann aber sehr schnell zum Ausgangsmaterial für eine Argumentation werden. Schlussfolgerungen und Prognosen oder andere Hinweise auf Konsequenzen werden oft zur Begründung einer These oder zur Rechtfertigung einer Handlung herangezogen. Dazu ein Beispiel. „Zum jetzigen Zeitpunkt sollten keine Steuererhöhungen vorgenommen werden, denn die hätten nur eine schlechte Auswirkung auf die wirtschaftliche Konjunktur.“ Woher weiß man von den Konsequenzen? Durch Schlussfolgerung oder Prognose.

Zusammenfassung. Nach so vielen verwirrenden Detailfragen sollen nun die wichtigsten Ergebnisse kurz zusammengefasst werden. Argumentieren bedeutet nichts anderes als Begründen oder Rechtfertigen. Dabei beziehen sich Begründungen auf Behauptungen und Überzeugungen, Rechtfertigungen dagegen auf Handlungen und Verhaltensweisen. Gemeinsames Hauptmerkmal ist, dass die Ausgangsbehauptung strittig beziehungsweise die Handlung problematisch ist und akzeptabel gemacht werden soll. Dies geschieht dadurch, dass man versucht, die strittige These aus akzeptierten Voraussetzungen abzuleiten. Demgegenüber ist eine Erklärung eine Antwort auf eine Warum-Frage, die selbst nicht strittig, sondern nur erklärungsbedürftig ist. Eine Schlussfolgerung wiederum ist die Ableitung einer Folgerung aus Voraussetzungen, wobei offen ist, ob die Voraussetzung oder die Folgerung selbst strittig sind. Eine Prognose schließlich ist eine besondere Art von Schlussfolgerung, bei der vom gegenwärtigen Zeitpunkt auf die Zukunft geschlossen wird.

Eine Übersicht über die wichtigsten gemeinsamen und unterscheidenden Merkmale dieser vier Begriffe bietet die folgende Abbildung.

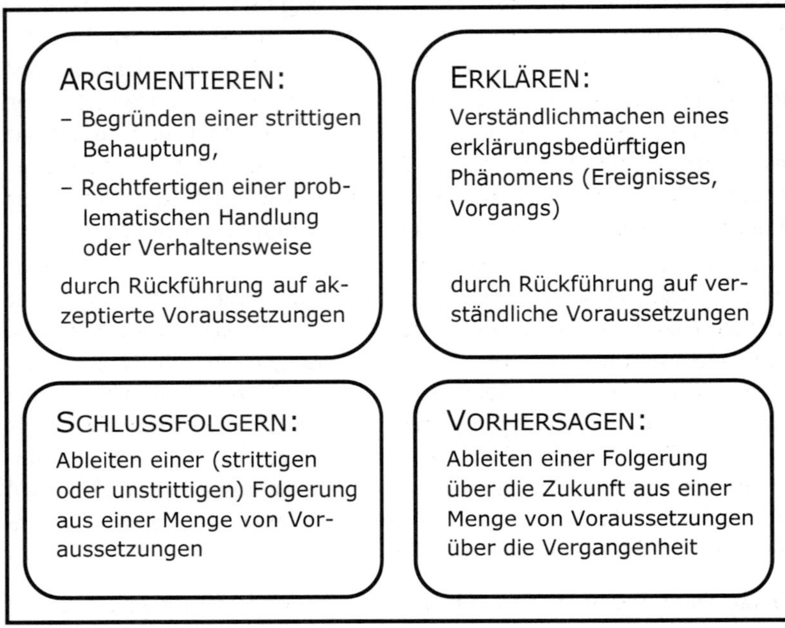

Abbildung 1-7: Merkmale von Argumentieren, Erklären, Schlussfolgern und Vorhersagen

4. Begründen als offener Prozess

Eine strittige Ausgangsbehauptung soll durch Gründe akzeptabel gemacht werden. Dies ist der Sinn und Zweck einer Begründung. Es gibt allerdings keinen Vorratsschrank, in dem ausgerechnet solche Gründe liegen, die von jedem Menschen jederzeit akzeptiert werden. Jeder Grund kann im Prinzip selbst wiederum kritisch hinterfragt und angezweifelt werden. Gründe genießen keine Immunität. Auch ein Grund ist nichts anderes als eine Behauptung. Und was für den einen eine akzeptierte Voraussetzung ist, ist für den anderen eine strittige Behauptung. Ob ein Grund eine akzeptierte Voraussetzung ist oder selbst wiederum eine begründungsbedürftige Behauptung, hängt vom speziellen Diskussionskontext ab.

Es ist somit prinzipiell unmöglich, eine Garantie dafür zu geben, dass eine gegebene Begründung von allen Menschen zu allen Zeiten akzeptiert werden muss. Begründen ist ein offener Prozess. Dieser Prozess wird zwar im tatsächlichen Leben zumeist irgendwann an ein Ende kommen, kann aber im Prinzip immer wieder aufgenommen und fortgeführt werden. Kritische Fragen lassen sich niemals gänzlich ausschalten. Natürlich wird die Äußerung kritischer Fragen vielfach unterdrückt, zum Beispiel in Diktaturen oder unter dem Einfluss dogmatischer Ideologien. Im Prinzip jedoch ist es immer möglich, eine Behauptung, und sei sie noch so gut begründet, in Zweifel zu ziehen.

Diese offene Struktur von Begründungen soll durch die folgende Abbildung verdeutlicht werden:

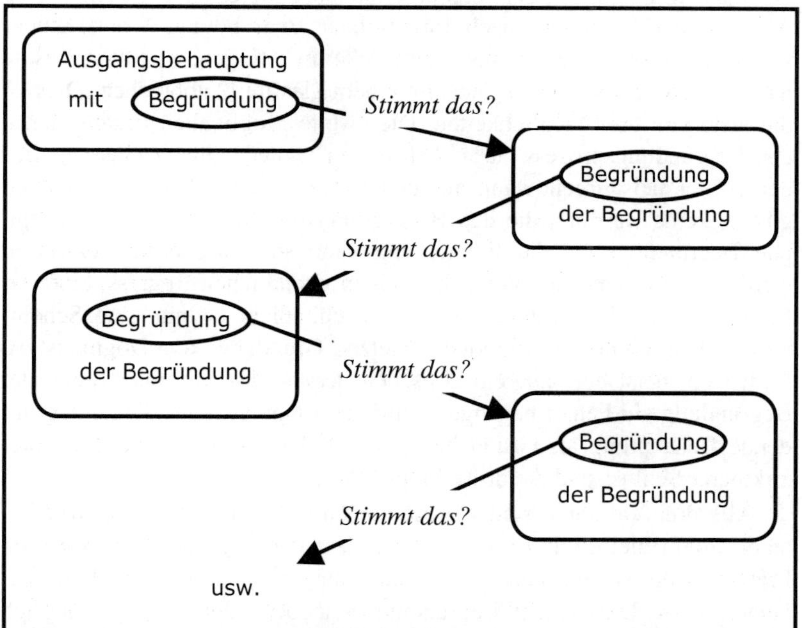

Abbildung 1-8: Begründen als offener Prozess

Nichtsdestotrotz hat es eine Reihe von Versuchen gegeben, eine Letztbegründung für eine Behauptung anzugeben, also eine Begründung, von der man meint, dass sie nicht mehr selbst in Frage gestellt werden kann und damit das letzte Glied in der Begründungskette ist. Der Versuch einer Letztbegründung hat sich allerdings als kaum praktikabel erwiesen. Dass das so ist, lässt sich sogar selbst wiederum in Form eines Gedankenexperimentes begründen. Dieses Gedankenexperiment wurde als „Trilemma der Begründung" bekannt. Das „Trilemma der Begründung" besagt, dass es im Prinzip drei Möglichkeiten einer Letztbegründung gibt, die jedoch alle drei unpraktikabel sind. Das Trilemma der Begründung wurde von Hans Albert entwickelt, ein historischer Vorläufer dieses Gedankens stammt von dem antiken Skeptiker Sextus Empiricus.

Worin bestehen die drei Möglichkeiten einer Letztbegründung und warum sind sie unpraktikabel? Der Versuch einer Letztbegründung läuft darauf hinaus, eine feste, unumstößliche Begründung für eine Behauptung zu liefern. Eine solche Behauptung, die ihrerseits keiner Begründung mehr fähig ist, noch einer Begründung bedarf, nennt man gewöhnlich Dogma. Ein Dogma ist aber eigentlich nichts anderes als der willkürliche Abbruch der Forderung nach fortgesetzter Begründung. Wenn Kinder zum Beispiel immer weiter nach dem „Warum?“ fragen, wird man dies, je nach Geduld, früher oder später mit einem „Darum!“ abbrechen. Dies ist die erste von drei Möglichkeiten. Die zweite Möglichkeit besteht darin, den Begründungsprozess tatsächlich immer weiter laufen zu lassen. Kinder geben meist irgendwann auf und werden müde, theoretisch jedoch gibt es keine Barriere, die den Begründungsprozess zum Halten zwingt. Die Begründung für die Behauptung kann stets wiederum bezweifelt werden, somit gerät der Versuch in einen unendlichen Regress, eine Art Endlosschleife. Die dritte Möglichkeit schließlich ist nur eine Scheinmöglichkeit. Findet sich nämlich ein letzter Grund, der kein Dogma ist, so stellt sich meist bei näherem Hinsehen heraus, dass an einer Stelle der Begründung ein Fehler begangen wurde und man sich auf die zu begründende Behauptung als Grund bezogen hat. Dies wäre ein so genannter zirkulärer Schluss und die dritte Möglichkeit.

Alle drei Varianten sind gleichermaßen unbefriedigend und inakzeptabel. Somit bleibt nur zu akzeptieren, dass der Begründungsprozess im Prinzip offen ist und bleibt und immer nur an ein vorläufiges Ende gelangen kann. Dies macht Begründungen jedoch keineswegs unmöglich und auch nicht überflüssig. Es gibt viele Fälle, wo Begründungen dazu führen, vormals strittige Annahmen akzeptabel zu machen. Eine Begründungsforderung muss also keineswegs auf ewig bestehen bleiben, sie kann auch ein ganz normales Ende finden. Entscheidend ist, dass es dafür keine Garantie gibt. Mit dieser Unsicherheit müssen wir leben.

5. Grenzen des Begründens

Die offene Struktur von Begründungen zeigt deutlich, dass das Argumentieren in gewisser Hinsicht grenzenlos ist. Der Begründungsprozess ist im Prinzip offen und kann immer nur an ein vorläufiges Ende gelangen.

Zugleich machen wir alle ständig die praktische Erfahrung, dass Begründungen und Rechtfertigungen immer wieder auch an Grenzen stoßen. Zwar sollte man die Hoffnung auf die Lösung von Streitfragen niemals vorschnell aufgeben, bevor nicht die Möglichkeiten des sinnvollen Argumentierens ausgelotet und ausgeschöpft sind. Doch man darf die Ansprüche an den Einfluss von Argumentationen auch nicht zu hoch schrauben. Nicht alle Streitfragen lassen sich harmonisch auflösen, und nicht immer siegt die beste Argumentation. Wie lassen sich Kraft und Einfluss von Argumentationen richtig und realistisch einschätzen? Wann und wo stößt das Argumentieren an seine Grenzen? Und welche Grenzen sind das? Die folgende Abbildung zeigt eine Übersicht über die Grenzen der Argumentation.

Grenzen des Argumentierens

1. Physische Grenzen:
   - noch nicht genügend ausgeprägtes Bewusstsein bei Kleinkindern
   - nicht mehr genügend aktivierbares Bewusstsein bei Krankheit und Altersdemenz
   - Alkohol, Drogen etc.

2. Motivationale Grenzen:
   - kein Interesse an Erkenntnis, Prüfung und Aufklärung

3. Sachliche Grenzen:
   - bei fundamentalen religiösen, weltanschaulichen oder politischen Überzeugungen
   - bei fundamentalen moralischen Überzeugungen
   - bei ästhetischen Geschmacksurteilen

Abbildung 1-9: Grenzen des Argumentierens

Eine weit verbreitete Auffassung lautet, eine wesentliche Grenze des Argumentierens liege, je nach Konstitution und Körpergewicht, bei etwa 2,1 Promille, während Kritiker betonen, dass ordentliche Streitgespräche erst bei 2,3 Promille so richtig anfangen... Aber Spaß beiseite. Alkohol ist tatsächlich ein Rationalitätsblocker, aber beileibe nicht die einzige Grenze, an der rationale Argumente nicht mehr allzu viel ausrichten können. Ebenso elementar sind die Grenzbereiche des noch nicht genügend ausgeprägten oder nicht mehr genügend aktivierbaren Bewusstseins bei Kleinkindern, einigen Kranken, Behinderten und Dementen. So trivial es klingt, eine Grundlage des Argumentierens ist die Bewältigung geistiger Prozesse durch intakte Gehirnaktivitäten.

Davon abgesehen kann das Argumentieren auch im physischen Normalbereich an bestimmte Grenzen stoßen. Eine zweite Grenze der Argumentation ergibt sich aus der persönlichen Motivation der Gesprächspartner. Wer an Erkenntnis, Prüfung und Aufklärung nur geringes oder gar kein Interesse hat und statt dessen eher danach strebt, die eigene Machtposition zu stärken oder auszubauen, hat schlichtweg andere Beweggründe als durch sachliche Argumente zu überzeugen oder sich überzeugen zu lassen, Einwände zu bedenken und zu prüfen und den eigenen Standpunkt kritisch zu hinterfragen.

Jeder, der eine Sachdiskussion einmal aufmerksam verfolgt oder selbst daran teilgenommen hat, weiß, mit welchen Hindernissen eine argumentative Auseinandersetzung oftmals zu kämpfen hat. Politikerinterviews und Gesprächsrunden im Radio, Talkshows im Fernsehen und öffentliche Podiumssitzungen bezeugen stets von Neuem, wie leicht sich eine Diskussion auf Abwege bringen lässt. Da werden Kritikern bösartige Motive unterstellt und Konkurrenten lächerlich gemacht, Redezeiten werden gewollt oder ungewollt ungleich verteilt und Redebeiträge beschnitten, Redner wechseln geschickt das Thema oder spulen ein vorgefertigtes, für die Streitfrage irrelevantes Statement ab, Gesprächspartner versuchen, die Diskussion durch geschickte Manipulation oder mehr oder weniger offene Machtdemonstration zu dirigieren und Journalisten oder Moderatoren schauen hilflos zu, wie medienerprobte „Macher“ das Diskussionsforum für ihren ganz persönlichen Starauftritt benutzen. Dass alle Beteiligten zur Teilnahme an der Diskussion eingeladen werden und dann als Diskussionsteilnehmer jederzeit alles frei sagen können, ist eher eine naive Idealvorstellung. In Diktaturen und rigiden Staatswesen verhindern außerdem zusätzliche Tabuisierungen, Denk-, Rede- und Diskussionsverbote sowie offene oder verdeckte Einschüchterungen, dass Streitfragen sachlich und argumentativ geklärt werden. Wir kennen das alles zur Genüge. Wer dennoch darauf besteht, sachlich zu argumentieren, muss sich im Klaren sein, dass er damit in der Regel in einer schwächeren Ausgangsposition ist und seinem Widerpart, der mit unfairen und faulen Tricks operiert, nur sehr eingeschränkt Paroli bieten kann.

Außer Eitelkeit und Machtstreben gibt es auch solche Grenzen des Argumentierens, die sozusagen in der Sache selbst begründet liegen. Was ist, wenn in einer Diskussion sehr fundamentale Meinungsgegensätze, etwa religiöse Fundamentalismen, aufeinanderprallen und sich überhaupt keine gemeinsam akzeptierten Voraussetzungen ausmachen lassen? In den USA beispielsweise gibt es eine starke und einflussreiche christliche Bewegung, die sich dafür einsetzt, eine auf die Bibel gestützte Auffassung zur Entstehung der biologischen Arten zumindest gleichberechtigt, wenn nicht favorisiert neben die etablierte evolutionsbiologische Theorie zu stellen. Es wäre sicherlich falsch, den Anhängern dieser Bewegung ausschließlich machtpolitische Interessen zu unterstellen. Sie sind von dem, was sie vertreten, ehrlich überzeugt, und insofern ist ihr Erkenntnisanspruch genauso legitim wie derjenige der Evolutionsbiologen. Bis zu einem gewissen Grade lässt sich auch in solchen Fragen argumentieren, aber eben nur bis zu einem gewissen Grade.

Auch in Diskussionen über die Anwendungsbedingungen und die Legitimation fundamentaler moralischer Normen und Prinzipien kann es zu unvereinbaren Meinungsgegensätzen kommen. Eine Fundamentalnorm besagt zum Beispiel, dass Geständnisse nicht durch Folter erpresst werden dürfen, eine andere sagt, dass das Leben Unschuldiger unbedingt gerettet werden sollte. Was aber ist im Konfliktfall, exemplarisch im Entführungsfall Jacob von Metzler, als der stellvertretende Frankfurter Polizeipräsident Wolfgang Daschner bei der Vernehmung des mutmaßlichen Täters die Androhung von Gewalt angeordnet hat, um den Aufenthaltsort des Entführungsopfers zu erfahren?

Natürlich kann und soll man auch in diesem Bereich versuchen zu argumentieren, sei es, um die möglichen Beurteilungsprinzipien für die Wahl zwischen verschiedenen Fundamentalnormen zu klären, sei es, um das Spektrum und die Vielfältigkeit der Fundamentalnormen selbst in den Blick zu bekommen. Man sollte sich jedoch im Klaren darüber sein, dass in derartigen Diskussionen oftmals keine Übereinstimmung zu erzielen ist. An dieser Grenze endet auch der vermeintliche Zwang des vermeintlich besseren Arguments.

Schließlich stößt das Argumentieren auch bei künstlerischen Bewertungs- und Geschmacksfragen häufig an eine Grenze. Einerseits werden Konzert- und Opernaufführungen, Theatervorstellungen und Kunstausstellungen analysiert, verglichen und kritisch beurteilt, und dabei spielen natürlich auch Begründungen und Schlussfolgerungen eine wichtige Rolle. Über eine Hamlet-Aufführung lässt sich schließlich genauso sachlich reden wie über den Ausbau eines Autobahnteilabschnitts. In ästhetischen Fragen kommen zum Beispiel Beurteilungsgesichtspunkte wie Neuartigkeit, Innovation, Vergleichbarkeit, Ausgereiftheit, Experimentierfreudigkeit, Risikobereitschaft und anderes zur Sprache. Andererseits gibt es immer auch die Frage nach dem persönlichen Geschmack. Gefällt mir das Stück? Mag ich die Aufführung? Sagt mir das Kunstwerk zu? Und hier kann es durchaus sein, dass sich die Geister scheiden, ohne dass man vernünftigerweise darauf bestehen kann, der eine hätte Recht, der andere Unrecht. Über diese Art von Geschmacksfragen lässt sich letztlich wohl tatsächlich nicht argumentativ streiten.

Ohne gemeinsam geteilte Grundüberzeugungen, so lautet das Fazit, kommt das Argumentieren irgendwann unweigerlich an die eine oder andere seiner Grenzen. Es ist dann lediglich eine intellektuelle Herausforderung ohne Aussicht darauf, dass die Argumentation die Strittigkeit der Ausgangsthese zu beseitigen imstande ist. Doch auch diese Situation hat etwas Gutes. Man weiß dann wenigstens, in welchen Punkten Uneinigkeit besteht und dass diese Uneinigkeit nicht zufällig ist, sondern auf grundsätzlichen Differenzen beruht. Dieser Grenzen des Argumentierens sollte man sich stets bewusst sein, zugleich aber auch erkennen, dass das Feld innerhalb dieser Grenzen immer noch recht groß ist. Es gibt vieles, worüber man argumentieren kann.

Kapitel 2
Wozu argumentieren?
Die richtige Einstellung zum Argumentieren

Übersicht:

1. Kritik üben und Kritik zulassen
2. Verschiedene Einstellungen gegenüber Kritik
3. Sorgfältig und differenziert argumentieren
4. Sachlich und fair argumentieren
5. Toleranz

► 10 praktische Tipps auf einen Blick:
Die richtige Einstellung zum Argumentieren

1. Kritik üben und Kritik zulassen

Kritik und Zweifel gehören ganz wesentlich zum Argumentieren. Das Bezweifeln ist das negative Gegenstück zum Begründen und hat seinen festen Platz in der Abfolge von Argumentationen als eine von zwei möglichen Reaktionen auf eine Begründung:

Schritt Nr. 1: Eine These wird aufgestellt. Hauptmerkmal einer These ist, dass sie strittig ist und bezweifelt wird. Nur dadurch entsteht überhaupt der Bedarf nach einer Begründung.

Schritt Nr. 2: Eine Begründung wird gegeben. Vielleicht räumt sie alle Zweifel aus und wird akzeptiert. Wenn nicht, kann sie in einem nächsten Schritt ebenfalls infrage gestellt werden.

So ergibt sich eine Abfolge von Begründung und Anzweiflung im Kontext der Argumentation. Die Möglichkeit von Kritik und Zweifel ist also zugleich die Voraussetzung für die bereits im letzten Kapitel angesprochene offene Struktur von Begründungen.

defensive Haltung der BR

Das Wort „Kritik“ entstammt ursprünglich dem Griechischen und bezeichnete ganz allgemein die Kunst der Beurteilung, im Positiven wie im Negativen. Heute dagegen wird mit dem Wort „Kritik“ vor allem die negative Kritik gemein. Mehr noch. Die negative Bewertung hat auf die Bedeutung des Wortes selbst abgefärbt. Im Allgemeinen hat Kritik kein allzu gutes Renommee. Oftmals versteht man darunter selbst etwas Negatives, Unangenehmes, vielleicht auch Mäkliges, Nörgelndes, Destruktives. Wer Kritik übt, gilt vielfach als Rechthaber und Besserwisser, und jemandem zu attestieren, er sei oberlehrerhaft oder ein Schulmeister, sind nicht gerade Komplimente. Recht betrachtet muss man sich für Kritik eigentlich entschuldigen, am besten im Voraus: „Verzeihen Sie, wenn ich Ihnen nicht zustimmen kann, aber...“ Kritik wirkt oftmals einfach unhöflich.

Aber Kritik ist mehr als das. Kritik greift auch an. Die Kritikerin ist eine Gegnerin, eine Opponentin. Zwar ist Opposition gegenüber etwas Schlechtem selbst etwas Gutes. Wer sich beispielsweise gegen Krieg, Rassentrennung, Ausbeutung und Unterdrückung richtet, richtet sich gegen etwas Negatives und vertritt damit selbst etwas Positives. Doch selbst dann, wenn sich Kritik gegen etwas Negatives richtet, bleibt an ihr immer auch etwas Negatives haften. Eugen Drewermann und Hans Küng zum Beispiel gelten vielen als ernstzunehmende Kritiker der katholischen Kirche, sie sind angesehen und geachtet. Doch als Kritiker bleibt ihre Kritik stets gebunden an die bestehende Doktrin der vorhandenen katholischen Kirche. Anders als die Skepsis ist die Kritik keine eigenständige Position, sondern die Gegnerschaft zu einer Position. Vielleicht liegt auch hierin ein Grund für das schlechte Image von Kritik.

Noch schlimmer kommt es, wenn das Kritiküben eine ritualisierte Form annimmt und offenbar gar nicht mehr ernst gemeint wird, wie es gelegentlich bei politischen Schaukampfdebatten im Bundestag den Anschein hat. Vor der Presse wird der politische Gegner furchtbar beschimpft, es wird ihm nicht nur alle Kompetenz, sondern auch die politische Integrität rundweg abgesprochen. Die Vorwürfe sind gravierend, eine Zusammenarbeit scheint eigentlich kaum möglich. Doch dann, wenn sich die Presse entfernt hat und man zum politischen Tagesgeschäft übergeht, benehmen sich die Kontrahenten doch wieder ganz manierlich und kooperativ. Ein solches strategisches Verhalten hat mit ernsthafter Kritik zwar nicht viel zu tun, wird aber gerne in diesen Zusammenhang gestellt und färbt damit zugleich auf das Image von Kritik ab.

Nebenbei und nur der Vollständigkeit halber soll hier noch eine sehr spezielle Form ritualisierter Kritik erwähnt werden: die so genannte „Selbstkritik". Vor allem in der stalinistischen Sowjetunion (1928-1953) war oft von Selbstkritik die Rede, wenn es darum ging, öffentlich zu bekennen, dass man der Partei mit seinem Verhalten geschadet hatte. Das Verfahren, das zu dieser vermeintlichen Selbsteinsicht in die eigenen Fehler führen sollte, war überwiegend doktriniert oder sogar brutal aufgezwungen und damit eine Farce. Daher sollte man anstatt von „Selbstkritik" besser von „Selbstanklage" sprechen.

Nicht nur das Kritiküben, sondern auch das Kritik-Ertragen ist üblicherweise nicht besonders angenehm. Niemand wünscht sich ernstlich und aus freien Stücken, kritisiert zu werden. An wem Kritik geübt wird, der hat, zumindest in den Augen seines Kritikers, etwas falsch gemacht. Kritik ist Tadel, ein Angriff auf die Richtigkeit oder Legitimation von Ansichten, Behauptungen oder praktischem Verhalten, und die natürliche Haltung gegen einen Angriff ist die Abwehr. Kritik zu akzeptieren erfordert das Eingeständnis, dass man es hätte besser machen können, und dieses Eingeständnis fällt naturgemäß schwer. Natürlich kann Kritik auch unberechtigt sein und zurückgewiesen werden. Doch die üblicherweise negative Einstellung zur Kritik besteht oft bereits, bevor die Berechtigung überhaupt geprüft wurde.

Kritik kann den normalen Gang blockieren, das Tempo verzögern, den Fluss stoppen. Wenn sich in einer Gesprächsrunde alle einig sind, sind auch die Entschlüsse schnell gefasst. Aber wehe, ein Kritiker meldet sich zu Wort. Das kann dauern! Man hätte doch schon viel weiter sein können, aber nein, Herr Müller hat wieder etwas einzuwenden. Oft bedeutet Kritik zusätzliche Arbeit, einen Mehraufwand, der Abläufe verkomplizieren und zusätzliche Kosten verursachen kann. Wenn die Filialleiterin moniert, dass ein Regal falsch eingeräumt worden ist, muss die Verkäuferin es eben nochmals einräumen. Werden bei einer wissenschaftlichen Fachtagung Forschungsmethoden von einflussreichen Expertenkollegen kritisiert, muss vielleicht eine komplette Forschungsreihe wiederholt oder das Forschungsdesign gänzlich neu konzipiert werden.

Kritik kann auch verstören und verunsichern, wenn Selbstgewissheiten und fest verankerte Ansichten in Frage gestellt werden. Ein Dozent wird kritisiert, sein Unterricht sei zu praxisfern? Dann müssen vielleicht langjährige Gewohnheiten auf den Prüfstand. Dem behandelnden Arzt wird von einem Patienten vorgeworfen, er hätte mit ihm kein ernsthaftes Diagnosegespräch geführt? Dann muss er sich, zumindest nach dem Anspruch des unzufriedenen Patienten, zukünftig umstellen und mehr Mühe geben. Und wer ist dazu schon bereit?

Eine Zusammenfassung der negativen Seiten von Kritik bietet die folgende Übersicht.

Kritik macht oft den Eindruck ...

... der Unhöflichkeit und Schulmeisterei
... der bloßen Gegnerschaft anstelle einer eigenständigen Position
... eines bloß rituellen Schaukampfes
... von Angriff und Tadel

Kritik bedeutet oft ...

... Blockade und Verzögerung
... zusätzlichen Aufwand und Kosten
... Verunsicherung und die Notwendigkeit, über mögliche eigene Fehler nachzudenken

Abbildung 2-1: Negative Aspekte von Kritik

Nach all diesen negativen Aspekten von Kritik stellt sich die Frage: Gibt es denn keine positiven Aspekte von Kritik? Wenn Kritik nur negativ bestimmt ist, wozu dann überhaupt Kritik?

Tipp 1: Keine Angst vor Kritik! Kritik und Zweifel gehören zum Argumentieren wesentlich dazu. Kritik mag nicht immer angenehm sein, sie ist aber die einzige wirkliche Chance für Veränderungen und Verbesserungen.

Es gibt tatsächlich einen positiven Grund für Kritik, und dieser Grund ist so entscheidend, dass er die negativen Aspekte sogar aufwiegen kann: Kritik und Zweifel sind die einzig wirkliche Chance für Verbesserungen. Gerade weil niemand freiwillig von den ausgetretenen und bequemen Pfaden der tatsächlichen oder auch nur scheinbaren Gewissheiten im Denken und Handeln abweichen würde, braucht es einen Impuls, Verbesserungsmöglichkeiten zumindest probeweise auch wahrzunehmen. Genau das ist Kritik. Kritik heißt: daran zweifeln, dass alles gut und richtig ist, wie es ist.

Manchmal gehen Kritik und Zweifel über das bloße Infragestellen weit hinaus. Das Bezweifeln ist dann gewissermaßen ein höflicher Hinweis darauf, dass man einen eigenen abweichenden Standpunkt, eine Gegenthese vertritt. Wenn es heißt „ich bin nicht sicher, ob der Missbrauch von Sozialleistungen wirklich so verbreitet ist, wie das der Bundeswirtschaftsminister befürchtet“, so bedeutet es wörtlich genommen tatsächlich nur, dass der- oder diejenige eben nicht sicher ist. Oft steckt aber mehr dahinter. Die Formulierung kann auch andeuten, dass der Missbrauch tatsächlich geringer ist als vom Bundeswirtschaftsminister angenommen. Dies wäre ein Gegenstandpunkt, eine Gegenthese. Das ist jedoch keineswegs immer so. Es gibt Fälle, bei denen sich der Zweifel tatsächlich auf das Infragestellen beschränkt. Manchmal ist man sich eben einfach nur nicht sicher.

2. Verschiedene Einstellungen gegenüber Kritik

Zweifel und Kritik sind beim Argumentieren allgegenwärtig, sie gehören dazu und sind kein Manko. Es kommt darauf an, welche Absichten damit verfolgt werden, wozu Zweifel und Kritik dienen sollen. Gerade der Umgang mit Kritik und Zweifel offenbart auch die Einstellung gegenüber dem Argumentieren. Diese Einstellung kann viele Formen annehmen, die sich vielleicht am anschaulichsten verdeutlichen lassen, wenn man sie einem bestimmten Typ oder Charakter zuordnet. Im Folgenden sollen drei Charaktere skizziert werden, die bewusst sehr schematisch gezeichnet sind, damit der Hauptcharakterzug deutlich hervortritt. Es ist nicht wirklich wichtig, welchen konkreten Namen wir dem jeweiligen Charakter geben wollen. Wichtig ist, den Typ als Typ zu erkennen, und den Typ als solchen kennen wir alle, wenn auch in vielfach abgewandelter Form, aus unzähligen Alltagssituationen.

Da ist zum einen der *Rechtbehaltenwoller*, nennen wir ihn Richard. Richard ist der gewandte und geschickte Redner, dem es vor allem darauf ankommt, seine Meinung wirkungsvoll und mitreißend darzustellen. Er hat eine Meinung, die er verteidigt und an der er festhält, und er begründet seine Auffassungen, damit andere, die nicht seiner Meinung sind, seine Meinung annehmen. Wenn er das gleiche Ziel allerdings mit anderen Mitteln gleich gut oder besser erreichen kann, so kann er auf das Begründen auch verzichten. Richard überzeugt durch sein persönliches Auftreten, Eloquenz ist ihm wichtiger als gute Argumente.

Richard zieht genau solche und nur solche Schlussfolgerungen, die ihm in sein Konzept passen und seine Auffassung bestätigen. Wenn Gegenargumente gegen seine Auffassung vorgebracht werden, so veranlasst ihn dies in der Regel nicht dazu, seine Auffassung zu überprüfen und gegebenenfalls zu verändern, sondern vielmehr dazu, seine Meinung noch geschickter zu formulieren. Die Hauptsache aber ist: Richard ist nicht wirklich an Erkenntnis interessiert, sondern daran, mit seiner Meinung Recht zu behalten. Er nimmt Kritik nicht wirklich ernst, er versucht, sie möglichst zu übergehen. Argumentieren ist für ihn eine Art sportliches Schaulaufen, und er möchte gewinnen.

Auf der anderen Seite des Spektrums finden wir die *Allesbezweiflerin*, nennen wir sie Annemarie. Sie ist eine Type, die alles prinzipiell in Frage stellt. Dabei geht es ihr nicht so sehr darum, begründete Zweifel zu entwickeln und vorzubringen, sondern darum, buchstäblich alles anzuzweifeln, und zwar um des Zweifelns willen. Man kann eine Auffassung noch so gut begründet haben, sie findet immer irgendetwas dagegen vorzubringen. Man kann seine Schlussfolgerung noch so sorgsam bedacht haben, sie entdeckt eine Ausnahme von der Regel, und sei sie noch so unwahrscheinlich. Auch Annemarie möchte Recht behalten, nur hat sie ihre Auffassung nicht positiv, sondern negativ formuliert: Sämtliche anderen Auffassungen sind letzten Endes nicht haltbar, da sich alles in Frage stellen lässt. Auch Annemarie nimmt Kritik nicht wirklich ernst, sie gebraucht sie inflationär und macht sie dadurch wirkungslos. Argumentieren ist für sie eine Art Geschicklichkeitsspiel, bei dem sie immer versucht, das Türmchen des Mitspielers zum Einsturz zu bringen.

Es liegt auf der Hand, dass weder die eine noch die andere Haltung die richtige Einstellung zu Kritik und Zweifel ist. Aber was wäre die richtige Einstellung? Wie sähe eine akzeptable kritische Einstellung aus, und wie ließe sich diese Einstellung gegen die beiden Extreme abgrenzen? Der Anschaulichkeit halber soll auch dieser Typ von Kritiker wiederum als Charakter skizziert werden. Dieser Charakter heiße Kurt.

Kurt betrachtet das Argumentieren als Instrument der sachlichen Prüfung von Auffassungen, seiner eigenen wie auch fremder. Es geht ihm nicht darum, in Diskussionen eine gute Figur zu machen, sondern um Erkenntnis, um die Prüfung und Beurteilung, ob eine Behauptung stimmt oder nicht. Ob er dies immer zuverlässig herausbekommt, ist eine andere Frage; jedenfalls ist dies sein Ziel. Mit anderen Worten, Kurt versteht das Argumentieren als Mittel zur Suche nach Erkenntnis mit Hilfe von Prüfung und Beweis, also im Sinne der im letzten Kapitel geschilderten zweiten Argumentationsform.

Wenn Kurt seine eigene Auffassung begründet oder Schlussfolgerungen zieht, dann um sich über seine Ansichten klar zu werden und sie zu überprüfen. Wenn er die Auffassungen anderer kritisiert, dann um falsche Meinungen zu entlarven und die richtige Auffassung herauszufinden. Kurt will sich über die Sachlage ein möglichst umfassendes Bild machen, um in der Lage zu sein, eine kluge Beurteilung abzugeben. Bei Entscheidungsfragen geht es ihm darum, die Alternativen richtig einzuordnen und mögliche Konsequenzen zu überblicken. Auch Kurt geht von Voraussetzungen aus, aber anders als Richard und Annemarie ist er dazu bereit, die eigenen Voraussetzungen zu hinterfragen und zu überprüfen. Die Antwort, die Kurt auf die übergeordnete Frage dieses Kapitels, die Frage „wozu argumentieren?", gibt, lautet also: Argumentieren ist ein gutes Mittel, um zu Wissen und Erkenntnis zu gelangen.

Tipp 2: Kritik und Zweifel lassen sich am besten verbinden mit einem Verständnis von Argumentieren als Prüf- und Beweisverfahren mit dem Ziel der Erkenntnissuche (Argumentationsform II).

Zugegeben, die Kurts sind selten in dieser Welt, es überwiegen sicherlich die Richards, gefolgt von den Annemaries. Dennoch gibt es auch Menschen wie Kurt. Warum setzt sich Kurt in gleichem Maße der Kritik anderer aus wie er selbst Kritik übt? Was macht seine Art von Kritik zu einer klugen Strategie im Umgang mit Kritik? Was spricht für diese Einstellung und warum ist sie derjenigen von Richard und Annemarie vorzuziehen?

Richard geht es letztlich um nichts anderes als um die Bestätigung seiner bereits bestehenden Auffassungen. Er ist nicht wirklich daran interessiert, seine Ansichten weiterzuentwickeln, zu ergänzen, zu korrigieren, auf den Prüfstand zu stellen. Für ihn ist Kritik ein Angriff, nicht eine Anregung zur Verbesserung. Doch wenn Missverständnisse nicht richtig gestellt werden, Fehleinschätzungen und Irrtümer nicht korrigiert werden, bleibt Richard gefangen im Käfig seiner Auffassungen. Für Kurt dagegen ist Kritik keine Bedrohung, sondern ein Angebot, kein Grund zur Beunruhigung, sondern eine willkommene Einladung, geistig in Bewegung zu bleiben. Wer die Welt mit Kurts Augen sieht,

Tipp 3: Der richtige Umgang mit Kritik und Zweifel besteht weder darin, Kritik möglichst zu umgehen, noch darin, immer alles zu kritisieren.

dem wird es auch nicht schwer fallen, Kritik als Möglichkeit zur Erweiterung des Horizonts zu verstehen. Die erste Antwort lautet demnach: Wer neugierig ist, vor Veränderungen keine Angst hat und Verbesserungen will, sollte sich nicht gegen Kritik zu immunisieren versuchen.

Annemarie andererseits geht davon aus, dass jeder Zweifel grenzenlos ist. Streng genommen stimmt das auch. Im Prinzip lässt sich tatsächlich jede Art von Begründung, ja sogar jede Behauptung überhaupt anzweifeln. Aber nicht alles, was möglich ist, muss auch in die Tat umgesetzt werden! Das Anzweifeln muss keineswegs zügellos sein. Man kann sich bewusst dazu entschließen, bestimmte Grundüberzeugungen nicht in Frage zu stellen, und sei es vorläufig und unter Vorbehalt. Ein solcher Entschluss beruht auf Einsicht und kann einen freiwilligen Verzicht darstellen, das Recht, alles zu bezweifeln, praktisch auszuüben. Das Recht selbst bleibt bestehen, auch wenn davon kein Gebrauch gemacht wird. Die zweite Antwort lautet also: Auch wenn man die offene Struktur von Begründung und Zweifel anerkennt, so bedeutet dies nicht zwangsläufig,

Kritik als ...

- Instrument der sachlichen Prüfung von Behauptungen mit Erkenntnisanspruch

Das Ziel der Kritik besteht darin.

- umfassende Kenntnisse über eine Sachlage zu erlangen
- sich über die eigenen Ansichten klar zu werden, sie zu überprüfen und falsche Ansichten zu entlarven
- Alternativen richtig einzuordnen und mögliche Konsequenzen zu überblicken

Kritik erfordert die Bereitschaft,

- sich über die eigenen Voraussetzungen klar zu werden und diese zu überprüfen
- auf Abschottung und Immunisierung zu verzichten
- falls nötig freiwillig darauf zu verzichten, alles in Frage zu stellen

Abbildung 2-2: Die richtige Einstellung gegenüber Kritik

immer alles in Frage stellen zu müssen. Es kann durchaus sinnvoll sein, freiwillig darauf zu verzichten, jede Annahme in Frage zu stellen.

Eine Zusammenfassung über die richtige Einstellung gegenüber Kritik gibt die Übersicht auf der vorhergehenden Seite.

3. Sorgfältig und differenziert argumentieren

Zum Argumentieren gehört nicht nur die richtige Einstellung gegenüber Kritik und Zweifel, sondern auch eine gewisse Sorgfalt. Sorgfältig sein heißt genau hinschauen, genau prüfen. Erst wenn man genau hinschaut, erkennt man, was gleichartig und was verschieden ist. Sorgfalt ist so zugleich die Voraussetzung für richtiges Strukturieren, Zusammenfügen und Differenzieren. Die Sorgfältigkeit beim Argumentieren bezieht sich auf mehrere Aspekte:
- Sorgfalt im Umgang mit der sprachlichen Ausdrucksweise,
- Sorgfalt im Umgang mit dem Argumentationskontext und
- Sorgfalt im Umgang mit der Auswertung der Argumentation, also mit der Einschätzung, in welchem Grade die Ausgangsbehauptung bestätigt beziehungsweise widerlegt wurde.

Sorgfalt im Umgang mit der sprachlichen Ausdrucksweise

Eine wichtige Voraussetzung für das Argumentieren ist der bewusste und kritische Umgang mit der Sprache. Wörter und Redewendungen, die eine besondere Bedeutung für eine Argumentation haben, müssen in ihrer Bedeutung und in ihren Konsequenzen klar und überschaubar sein. Sind sie es nicht, müssen sie analysiert und gegebenenfalls auch hinterfragt werden. Sprachliche Genauigkeit erweckt zwar oft den Eindruck des Klugschwätzertums, und manchem mag es beim Analysieren tatsächlich eher um Wortklauberei als um die Sache gehen. Sensibilität für den genauen Ausdruck ist jedoch eine unverzichtbare Voraussetzung dafür, dass man nicht mehr aneinander vorbei redet, als dies ohnehin schon der Fall ist.

Sprachliche Genauigkeit gerät häufig in Konflikt mit Vorstellungen sprachlicher Eleganz und Gewandtheit, also mit Ansichten darüber, was einen guten sprachlichen Stil ausmacht. Als schlechter Stil gilt zum Beispiel die mehrmalige Wiederholung ein und desselben Wortes in einem Text. Dementsprechend wird „George W. Bush“ im Laufe eines Textes zum „US-Präsidenten“, zum „Nachfolger Clintons“, zum „Sohn von Bush

Senior“ oder zum „Führer der USA“. Das mag soweit noch unproblematisch sein. Problematisch wird es jedoch spätestens dann, wenn sich in die scheinbar bedeutungsgleichen Alternativformulierungen unbemerkt oder zumindest unbeanstandet Wertungen einschleichen. Die USA sind zweifellos eine Supermacht, aber sind sie auch eine „Friedensmacht“? George W. Bush ist gegenwärtiger Präsident der USA, aber ist er auch „mächtigster Führer der westlichen Welt“? Inzwischen ist übrigens ganz offiziell nicht nur von „UN-Schutztruppen“, sondern auch von „Friedenssoldaten“ die Rede. Ausdrücke, die beanspruchen, bloße Synonyme, also sinn- oder sachverwandte Worte zu sein, sind oftmals mit besonderer Vorsicht zu genießen.

Wertungen sind allgegenwärtig, jedoch nur selten klar erkennbar. Was ein „Fruchtaufstrich“ ist, ist genau festgelegt. Auch die „Schmelzkäsezubereitung“ ist lebensmittelrechtlich präzise erfasst. Aber wie definiert man eigentlich, was ein „verantwortungsloses Verhalten“ ist? „Verantwortungslos“, ein scheinbar harmloses Wort, das gut zu verstecken vermag, dass seine Anwendung notwendig mit einer Wertung verbunden ist. Wertungen aber können immer strittig sein. Daher bemühen sich viele Diskussionsteilnehmer und Redner, die wertenden Ausdrücke so harmlos wie möglich klingen zu lassen. Umweltschutz ist, was die Umwelt schützt, aber was sind „umweltgefährdende“ Stoffe oder Chemikalien, die „unbedenklich“ oder „unschädlich“ sind? Natürlich gibt es eine ganze Reihe von präzisen Normen und Richtlinien, die genau das angeben, aber die Richtlinien selbst sind in Wirklichkeit genauso wenig unstrittig wie die Bezeichnungen „unbedenklich“ oder „unschädlich“ – auch wenn sie versuchen, sich diesen Anschein zu geben. Richtlinien werden, wie Wortbedeutungen auch, festgelegt, sie kommen nicht von Gottes Gnaden und sollten nicht als sakrosankt gelten. Eine Mörtelmischung ist normalerweise bis zwei Stunden nach Anrühren und Reifen verarbeitungsfähig. Aber wann und wie lange ist eigentlich eine Regierung „handlungsfähig“?

Wertungen können sich auch an anderen Stellen unmerklich einschleichen, etwa wenn es heißt: „... wurde der Parteivorsitzende mit 99,4 Prozent der Stimmen gewählt und erhielt damit das zweitbeste Ergebnis in der über fünfzigjährigen Parteigeschichte nach dem Zweiten Weltkrieg“. Die Aussage enthält eine nüchterne Tatsachenfeststellung: Der Vorsitzende wurde mit 99,4 Prozent der Stimmen gewählt. Die Aussage enthält jedoch auch eine versteckte Bewertung dieser Prozentzahl: Im Vergleich zu den anderen Parteivorsitzendenwahlen sei dieses Ergebnis das „zweitbeste“. Dass dies eine Bewertung ist, fällt auf den ersten Blick vielleicht gar nicht auf. Wir denken: 99,4 Prozent ist das bisher *zweithöchste* Ergebnis, und das wäre ebenfalls eine reine Tatsachenfeststellung. Tatsächlich aber wird mit dem Wort „zweitbeste" zusätzlich noch etwas anderes suggeriert, nämlich, dass das Wahlergebnis ein Erfolg sei. Das Wort „Erfolg" taucht zwar gar nicht direkt auf, wird aber leicht assoziativ verknüpft. Beim Wort „Erfolg" wiederum denkt man quasi automatisch an etwas Positives. Auch hier ist also große Vorsicht geboten. Einzelne Worte können wie Auslöser wirken, die Wertungen transportieren und Reaktionen hervorrufen, die nur teilweise ins Bewusstsein dringen.

Schließlich gibt es auch eine Reihe von Wörtern, die auf den ersten Blick etwas Konkretes zu bezeichnen scheinen, auf den zweiten Blick aber eigentlich gar keine festgelegte beziehungsweise eine Vielzahl von Bedeutungen haben. Diese Wörter können ganz unterschiedliche Funktionen übernehmen. Manche sind wie Etiketten für unbestimmte Konzepte, andere wie Parolen oder Schlagwörter. „Arbeitslosigkeit", „Aufschwung", „Solidarprinzip", „soziale Gerechtigkeit" – ist doch klar, was damit gemeint ist, oder? Im Prinzip schon, aber... Wenn man einmal genauer hinschaut, stellt sich bald heraus, dass der Eindruck, diese Ausdrücke ließen sich mit geringem Aufwand präzise erläutern, trügt. Versuchen Sie es selbst einmal: „Arbeitslosigkeit", das bedeutet, dass ein Mensch keine Arbeit hat, nein, dass viele Menschen keine Arbeit haben, oder vielmehr, dass sie arbeitslos gemeldet sind, oder eigentlich... – sehen Sie?!

Die Verfasser des Artikels „Arbeitslosigkeit" in der Internet-Enzyklopädie *Wikipedia* (www.wikipedia.org) unterscheiden unter anderem friktionelle, saisonale, konjunkturelle, strukturelle und Sockelarbeitslosigkeit. Arbeitslosigkeit ist also keineswegs ein einfacher Begriff. Obwohl wir das eigentlich wissen, ist es uns oft nicht bewusst. Wir tun so, als ob viele Ausdrücke eine klare und eindeutige Bedeutung hätten, doch diese Klarheit kann sehr trügerisch sein. Vorsicht also auch hier.

Wörter mit unklarer Bedeutung sind Gift für jede ernstgemeinte Argumentation. In Abwandelung eines geflügelten Wortes könnte man sagen, eine Argumentation ist höchstens so verständlich (klar, präzise) wie das unverständlichste Wort, das darin vorkommt. Je unklarer die Bedeutung einzelner wichtiger Wörter oder je größer deren Anzahl, desto unklarer wird die Argumentation als Ganze. Das mag natürlich wiederum all jenen zupass kommen, die an Erkenntnis, Prüfung und Aufklärung nur geringes oder gar kein Interesse haben und statt dessen eine Bestätigung der eigenen Auffassung suchen. Einzelne sprachliche Formulierungen transportieren oftmals unerkannt positive oder negative Wertungen, übertragen diese auf die strittigen Behauptungen der Argumentation und verleihen ihnen damit den Eindruck von Akzeptabilität.

Tipp 4: Seien Sie sorgfältig, bewusst und kritisch im Umgang mit der sprachlichen Ausdrucksweise. Vorsicht im Umgang mit harmlos erscheinenden Synonymen, unauffälligen oder versteckten Wertungen, getarnten Reizwörtern, Parolen und Schlagwörtern.

Natürlich kann es nicht darum gehen, die Sprache von allen impliziten wertenden Mitbedeutungen zu reinigen. Das wäre eine allzu gewaltige Aufgabe und hinterließe außerdem nur eine öde sprachliche Wüste. Sprachliche Sensibilität und ein sorgfältiger und kritischer Umgang mit sprachlichen Formulierungen ermöglichen es aber, unerwünschte Manipulationsversuche zu erkennen und ihnen entgegenzutreten, und schaffen dadurch eine Chancengleichheit im Umgang mit Argumentationen.

Sorgfalt im Umgang mit dem Argumentationskontext

Von großer Bedeutung für jede Argumentation ist das bewusste Umgehen mit dem Argumentationskontext. Der Kontext einer Argumentation bildet den Hintergrund, vor dem die Behauptungen und Aussagen einer Argumentation interpretiert und verstanden werden. Da Argumentationen oftmals gar nicht vollständig formuliert werden, sondern vieles weggelassen wird („Ab ins Bett, du hast morgen Schule!"), ist der Kontext sozusagen wie ein Zusatzreservoir, aus dem man bei Bedarf all diejenigen Informationen herausnehmen kann, die zur Ergänzung der Argumentation nötig sind, damit diese verständlich und prüfbar wird. Die Interpretation von Argumentationen ist ein eigenes Thema und wird in Kapitel 4 ausführlich behandelt.

Wichtig ist der Argumentationskontext außerdem für den Umfang einer Argumentation. Aus ihm ergibt sich, welches die Hauptfrage ist, welches die Nebenfragen sind und was gar nicht mehr zum Thema gehört. Es versteht sich, dass die Einschätzung, was zum Thema gehört und was nicht, sehr strittig sein kann und oftmals auch strittig ist. Dementsprechend gibt es auch kein Patentrezept dafür, wie man den Argumentationskontext sinnvollerweise begrenzen sollte. Umso wichtiger ist es, sich der möglichen Schwierigkeiten und Probleme bewusst zu sein. Ist der einbezogene Kontext zu weit, kann die Argumentation uferlos, unkonkret und ergebnislos werden, ist er zu eng, wird sie meist nichtssagend, irreführend oder uninteressant.

In Alltagsargumentationen ist der Argumentationskontext fast immer zu weit. Hier kommt man in Diskussionen oft vom Hölzchen aufs Stöckchen. „Also ich kenne genügend Fälle, wo Ausländer Sozialleistungen unberechtigt in Anspruch nehmen, aber man darf da ja gar nichts sagen, weil es sonst wieder heißt, man sei ausländerfeindlich, und arbeiten tun die ja auch nicht, und wenn sie arbeiten sollen, dann erfinden sie irgendwelche Krankheiten oder begehen einen Selbstmordversuch, weil die Asylanten dann nicht abgeschoben werden können, also ich bin froh, dass es bei uns in der Kleinstadt noch nicht so viele Ausländer gibt."

Haben Sie's gemerkt? Hier kommt man ganz schnell von Ausländern zu Asylsuchenden, was nicht notwendig dasselbe ist, und von der unberechtigten Inanspruchnahme von Sozialleistungen über Probleme der „Politischen Korrektheit" zu der Infragestellung von Abschieberichtlinien, was ganz gewiss nicht dasselbe ist. Eigentlich müsste einem bei diesem Rundumschlag schwindelig werden. Ein sorgfältiger Umgang mit dem Argumentationskontext würde in diesem Fall erst einmal dazu führen, die Notbremse zu ziehen: Es handelt sich um ganz verschiedenartige Behauptungen und Probleme, die auseinander gehalten werden sollten. Natürlich kann man der Meinung sein, dass die Problematik unberechtigter Inanspruchnahme von Sozialleistungen durch Ausländer in einem relevanten Zusammenhang zu der Asylbewerberproblematik steht. Doch dies wäre eine zusätzliche Behauptung, die eigens zu begründen wäre.

Tipp 5: Seien Sie sorgfältig im Umgang mit dem Argumentationskontext. Versuchen Sie, das Thema sinnvoll einzugrenzen und die Streitfrage möglichst auf eine präzise und entscheidbare Alternativfrage zuzuspitzen.

Umgekehrt gibt es auch Situationen, bei denen der Argumentationskontext stark eingeengt wird oder Teile, die für die Argumentation relevant sein könnten, ausgeblendet werden. Das ist in der Regel immer dann der Fall, wenn die Behauptung eines Zusammenhangs als unliebsam oder problematisch empfunden wird. Dazu zwei Beispiele. Wer sich nur für die Philosophie Martin Heideggers interessiert, wird ihn in der Regel als Fachphilosophen betrachten und damit politisch-biografische Fragen ausgrenzen. Wer den Kontext jedoch weiter spannt, wird vielleicht auch berücksichtigen wollen, dass Heidegger zeitweilig überzeugter Anhänger des Nationalsozialismus war. Wichtig ist, dass beide Haltungen eine bewusste Entscheidung darüber einschließen, was zum Kontext einer möglichen Argumentation gehört und was nicht. Ein zweites Beispiel. Spricht es gegen die Sterbehilfe an sich, dass sie während des Nationalsozialismus zum Vorwand für die Ermordung Unschuldiger missbraucht wurde, oder sollte die Frage nach der Zulässigkeit von Sterbehilfe vom historischen Kontext des Missbrauchs losgelöst werden? Auch hier gibt es wohl keine allgemeingültige Antwort. Entscheidend ist, dass die Loslösung vom historischen Kontext, so berechtigt sie im Einzelfall sein mag, eine Verengung des Argumentationskontextes bedeutet.

Sorgfalt im Umgang mit der Auswertung der Argumentation

Sorgfältig argumentieren bedeutet auch, eine Argumentation gewissenhaft auszuwerten und zu interpretieren. Dazu ist es ratsam, verschiedene Grade der Bestätigung beziehungsweise Widerlegung zu unterscheiden. Volle Bestätigung bedeutet, dass die Ausgangsthese bewiesen wurde, volle Zurückweisung heißt, das sie widerlegt wurde. Beides ist eher selten, viel verbreiteter sind graduelle Zwischenstufen der teilweisen Bestätigung, Erhärtung oder des Belegtseins beziehungsweise der Erschütterung, Kritik oder Zweifelhaftigkeit. Üblicherweise werden solche Abstufungen allerdings eher selten vorgenommen. Vielmehr ist oft pauschal von Beweis oder Nachweis die Rede, und wenn es heißt, eine Argumentation sei „plausibel" oder „schlüssig", so ist oftmals leider völlig unklar, was damit genau gemeint ist.

> **Tipp 6:** Seien Sie sorgfältig bei der Auswertung der Argumentation. Unterscheiden Sie, in welchem Grade es einer Argumentation gelungen ist, die These akzeptabel zu machen. Erklären Sie nicht vorschnell eine Argumentation als völlig gescheitert oder absolut zwingend.

Die Bewertung von Argumentationen ist ein eigenes Thema und wird in Kapitel 5 ausführlich behandelt. An dieser Stelle geht es lediglich darum, ein Problembewusstsein dafür zu schaffen, dass die Interpretation und Bewertung von Ergebnissen nicht immer klar ist und einen sorgfältigen und kritischen Umgang erfordert.

4. Sachlich und fair argumentieren

Es versteht sich eigentlich fast von selbst: Beim Argumentieren sollte man immer möglichst sachlich und fair bleiben. Dies ergibt sich schon allein daraus, dass die Argumentation ja den sachlich-rationalen Teil einer Diskussion ausmacht. Und für eine Argumentation als Erkenntnissuche gilt dies natürlich umso mehr. Doch worin genau bestehen eigentlich Sachlichkeit und Fairness und in welcher Form wird dagegen verstoßen? Dies soll im Folgenden etwas näher erläutert werden.

Sachlich argumentieren. Sachlich argumentieren bedeutet zweierlei: nicht persönlich und nicht emotional argumentieren. Dies gilt sowohl beim Aufstellen und Verteidigen einer These als auch beim Kritisieren einer These.

Argumentieren Sie nicht persönlich. Bei einer Argumentation sollen sich die vorgebrachten Gründe auf die These beziehen und nicht auf die Vertreterin der These. Das gilt insbesondere auch für die Kritik an einer Behauptung. Die Kritik soll sich stets gegen die vertretenen Behauptungen, also gegen die These oder die Begründung der These richten, nicht aber gegen die Vertreterin der Behauptungen. Dazu zwei Beispiele: „Die Forschungsergebnisse von Dr. Meyer über den Zusammenhang von Ernährung und Herzkrankheiten sind kaum überzeugend, denn der Kollege Meyer ist selbst stark übergewichtig und völlig unsportlich." – „Wie wollen Sie denn beurteilen, ob die Einrichtung von Frauenparkplätzen in Parkhäusern die Sicherheit für Frauen erhöht?! Das kann doch nur eine Frau wirklich wissen."

Eine Argumentation, in der Angriffe gegen die Person vorkommen, wird oft als „*Ad-hominem*-Argumentation" bezeichnet, also als eine Argumentation, die sich unzulässigerweise gegen den Menschen richtet. Es wäre allerdings allzu idealistisch und realitätsfern, wollte man Mensch und Überzeugung ganz voneinander loszulösen versuchen. Natürlich spielt es für die Glaubwürdigkeit einer Auffassung faktisch immer eine Rolle, von wem sie vertreten wird. Ein Kriegsveteran zum Beispiel kann sich in vielen Fällen sehr viel überzeugender gegen den Krieg aussprechen als ein Mensch, der den Krieg nicht selbst erlebt hat. Ebenso wird man einem Rollstuhlfahrer eher eine Kritik an der Zugänglichkeit der Einrichtungen und Transportmittel des öffentlichen Nahverkehrs zubilligen als einem nicht gehbehinderten Menschen.

> **Tipp 7:** Argumentieren Sie sachlich und nicht persönlich. Vermeiden Sie *Ad-hominem*-Argumentationen. Die vorgebrachten Gründe sollen sich auf die These beziehen, nicht auf die Person, die die These vertritt. Das gilt insbesondere für Kritik. Wahren Sie die menschliche Integrität Ihres Gesprächspartners.

Es wäre jedoch nicht nur unrealistisch, sondern darüber hinaus auch unberechtigt, *Ad-hominem*-Argumentationen generell und ausnahmslos zu verdammen. Manchmal kann es für die Beurteilung einer Überzeugung, Auffassung oder Behauptung durchaus auch inhaltlich relevant sein, wer sie vertritt. Wenn beispielsweise eine medizinische Gutachteraussage bezeugt, dass in afrikanischen Ländern aufgrund mangelnder Hygiene das Stillen generell ein Gesundheitsrisiko für die Säuglinge darstellt, und sich dann herausstellt, dass der Gutachter von einer Produktionsfirma für Milchpulver und Säuglingstrockennahrung beauftragt worden war, so sind natürlich Zweifel angebracht. Wir werden darauf in einem späteren Kapitel (6.4) im Zusammenhang mit der Beurteilung von Autoritäten und Experten noch einmal zurückkommen.

Hier ist eine differenzierte Betrachtung erforderlich, die wiederum Sorgfalt und Genauigkeit erfordert.

Als Grundsatz und für die ganz überwiegende Zahl von Fällen bleibt jedoch bestehen, dass sich eine Argumentation vor allem auf die sachlichen Gründe für oder gegen die strittige These beziehen und die Person dabei weitgehend ausgeklammert werden sollte. Auch bei krassen Meinungsdifferenzen muss die Integrität desjenigen, der die strittige These vertritt, gewahrt bleiben. Dies gehört einfach zu einem zivilisierten mitmenschlichen Umgang. Nehmen die persönlichen Angriffe überhand, kann sehr schnell eine Situation entstehen, bei der nicht mehr über die Sache selbst, sondern nur noch über die Argumentierenden geredet und geurteilt wird. Und mit zunehmender Heftigkeit der persönlichen Angriffe wird sich vermutlich früher oder später eine Atmosphäre der Angst und Drohung etablieren, in der eine freie Meinungsäußerung nicht mehr möglich ist.

Argumentieren Sie nicht emotional. Sachlich argumentieren heißt aber nicht nur, persönliche Angriffe zu unterlassen, sondern auch möglichst sachbezogen und nicht emotional zu argumentieren. Dazu wieder zwei Beispiele. „Also dieser Staatspräsident macht ganz bestimmt keine gute Politik. Er wirkt irgendwie merkwürdig auf mich, er macht so einen sonderbaren Eindruck. Ich habe keinen konkreten Verdacht, aber mein Bauchgefühl sagt mir..." „Kinderschänder sollte man alle sofort aufhängen! Die brauchen kein rechtsstaatliches Verfahren. Wenn ich nur daran denke, dass meine Tochter von so jemandem... also ich würde nicht eher ruhen, bis der erledigt ist!"

Eine Argumentation, in der eine Berufung auf ein Gefühl vorkommt, wird oft als „*Ad-misericordiam*-Argumentation" bezeichnet, also als eine Argumentation, in der unzulässigerweise an das Mitleid appelliert wird (*misericordia:* lat.; Mitleid, Barmherzigkeit). Wie das zweite oben genannte Beispiel belegt, ist Mitleid jedoch nicht die einzige Art von Gefühl, die einer sachlichen Beurteilung im Wege stehen kann. Gleiches gilt, vielleicht sogar in noch stärkerem Maße, für Gefühle der Rache, Wiedergutmachung oder mitleidlosen Verfolgung. Es geht ganz allgemein um Appelle ans Gefühl; eine bessere Bezeichnung wäre daher vielleicht „*Ad-animum*-Argumentation". Die Forderung, nicht emotional zu argumentieren, bedeutet natürlich ganz und gar nicht, dass man nicht engagiert und leidenschaftlich seinen Standpunkt vertreten darf. Sie bedeutet aber, dass Emotionen keine ausreichenden inhaltlichen Gründe zugunsten oder zuungunsten einer strittigen These abgeben.

Gefühle kommen oft ins Spiel, wenn eine Ausnahme gerechtfertigt oder ein an sich falsches Verhalten entschuldigt werden soll: „Ich konnte doch nicht so einfach zusehen, wie diese armen unschuldigen Robbenbabys auf so brutale Weise abgeschlachtet werden..." Und es gibt Diskussionsthemen, bei denen man von vornherein damit rechnen muss, dass sie nicht rein sachlich und emotionslos diskutiert werden. Dies sind vor allem Themen im Umfeld von Extremsituationen wie zum Beispiel in den existentiellen Bereichen zu Beginn und am Ende des menschlichen Lebens (Abtreibung, Euthanasie, Sterbehilfe), bei menschlichen Tragödien und extremen Entscheidungssituationen (so genannte „Rettungsbootsituationen") sowie bei Fragen des Rechtsempfindens in Extrembereichen (Kindes- und Behindertenmisshandlung, Vergewaltigung, Mord und Massenmord). Solche Themen sind für die meisten Menschen verständlicherweise hochemotional und aufgeladen, und zwar selbst dann, wenn sie nicht im Mindesten direkt oder persönlich davon betroffen sind.

Tipp 8: Argumentieren Sie sachlich und nicht gefühlsbetont. Vermeiden Sie *Ad-misericordiam*-Argumentationen. Die vorgebrachten Gründe sollen sachliche Gründe sein und keine Appelle an das Gefühl. Dies gilt besonders für emotionsgeladene Themen (extreme menschliche Tragödien, extreme Verbrechen etc.).

Gefühle lassen sich nicht ausschalten und das ist auch gut so. In Argumentationen sollten sie jedoch gebändigt werden. Wenn sachliche Argumente durch Appelle an das Gefühl unterstützt werden, umso besser, aber dann sind die Gefühle für die Argumentation selbst letztlich doch verzichtbar. Wenn Gefühle allerdings in Konkurrenz oder Widerspruch zu sachlichen Argumenten treten, dann sollte man sehr genau überprüfen, ob die bisherigen sachlichen Argumente überhaupt alle vollständig erfasst sind. Auch Gefühle lassen sich als sachliche

Aussagen formulieren, oft drücken sich darin Wünsche, Forderungen oder Ansprüche aus. Diese Aussagen können dann wichtige Ergänzungen der bisherigen Argumente abgeben. Doch eine Aussage wie „mein Bauchgefühl sagt mir..." reicht in aller Regel nicht aus, um eine wirklich strittige These für einen Diskussionspartner akzeptabel zu machen. Im Zweifelsfall sollte den Sachargumenten der Vorrang eingeräumt werden.

Fair argumentieren. Die Forderung nach Sachlichkeit, also nach Verzicht auf persönliche Angriffe und Bändigung der Gefühle, ist jedoch nicht die einzige Forderung an eine Argumentation. Man sollte darüber hinaus beim Argumentieren auch Fairness walten lassen.

Argumentieren Sie fair. Fair argumentieren heißt, auf Drohung und Gewalt zu verzichten. Dazu zwei Beispiele. „Was soll das heißen, es ist Wochenende und du möchtest heute Nacht länger wegbleiben? Solange du hier wohnst, junger Mann, richtest du dich gefälligst danach, was ich entscheide!" „Schade, schade, dass Sie mir unbedingt einen Strafzettel für Falschparken ausstellen wollen! Wissen Sie, ich kenne nämlich den Polizeipräsidenten recht gut, wir spielen zusammen Golf, und dem wird das gar nicht gefallen..."

Eine Argumentation, in der eine Berufung auf Gewalt oder Drohung vorkommt, wird oft als „*Ad-baculum*-Argumentation" bezeichnet, also als eine Argumentation, in der eine Drohung „mit dem Knüppel" (*baculum*: lat.; der Stock) vorkommt. In einer *Ad-baculum*-Argumentation ist die Drohung zwar nicht selbst Teil der Argumentation, aber sie begleitet die Diskussion und gestaltet damit zugleich die Atmosphäre und die Aussichten, die strittigen Ansichten und Überzeugungen durchzusetzen.

Drohung und Gewalt können sehr verschiedene Formen annehmen. Gewalt hat viele Schattierungen: von Lächerlichmachen und „gut gemeintem Ratschlag" über Warnung und Einschüchterung bis zu offener Kampfansage und Drohung. Gerade weil das Gebot der Fairness so oft unterschwellig unterlaufen wird, sollte man sehr genau auf jegliche Anzeichen von Gewalt und Drohung achten.

Tipp 9: Argumentieren Sie fair. Vermeiden Sie *Ad-baculum*-Argumentationen. Achten Sie bei Argumentationen anderer auf die Androhung von Gewalt oder Nachteil, weisen Sie solche Mittel zurück und verzichten Sie selbst darauf, derartige Mittel zu verwenden. Argumentationen sollen sich auf das Feld der sprachlichen Auseinandersetzung beschränken.

Drohung und Gewalt können zur Durchsetzung sehr verschiedener Ziele eingesetzt werden. Die Ziele können negativ sein, wie zum Beispiel zur Unterdrückung der politischen Opposition, zur reinen Machtdemonstration oder zur Einschüchterung bei einer Entführung oder bei einem politischen Anschlag. Die Ziele können jedoch auch durchaus legitim sein, wie zum Beispiel bei einem Streik zur Interessendurchsetzung im Arbeitskampf, bei einem Hungerstreik zur Änderung von Haftbedingungen oder bei einer Androhung rechtsstaatlicher Verfolgung zum Schutz der Rechtsordnung.

Wenn man es genau betrachtet, stellt auch die Ankündigung der juristischen Verfolgung eigentlich eine Drohung dar. In einem Rechtsstaat wie der Bundesrepublik Deutschland liegt das Gewaltmonopol beim Staat, das heißt keine nichtstaatliche Organisation ist zur Ausübung von Gewalt berechtigt. Der Staat wiederum hat die Hoheit darüber, Einschränkungen der Meinungs- und Informationsfreiheit zu verfügen. Eine solche Einschränkung der freien Meinungsäußerung besteht zum Beispiel für nicht verfassungsgemäße extremistische Überzeugungen oder die Veröffentlichung von Informationen, die die Sicherheitsinteressen des Staates berühren, zum Beispiel geheimdienstliche Informationen. Hier droht der Gesetzgeber ganz offiziell mit Gewalt und Strafe.

Für alle genannten Fälle gilt jedoch, dass ein Einlassen auf Gewalt und Drohung immer schon das Ende der eigentlichen argumentativen Auseinandersetzung bedeutet. Die Argumentation selbst ist und bleibt eine rein sprachliche Auseinandersetzung, und Argumentationen sollen sich auf das Anwendungsfeld der Sprache beschränken. Das Gebot des Gewaltverzichts soll sicherstellen, dass niemand befürchten muss, wegen der Begründung einer These bzw. Rechtfertigung einer Handlung Gewalt zu erleiden.

5. Toleranz

Zur richtigen Einstellung gegenüber dem Argumentieren gehört auch Toleranz. Toleranz wiederum ist notwendig mit Respekt verbunden. Toleranz bedeutet, die Überzeugungen eines anderen Menschen zu respektieren, auch wenn sie von den eigenen abweichen.

In diesem Zusammenhang ist es sehr instruktiv, das Wort „Toleranz“ einmal im technischen Sinne zu nehmen. Ingenieure verstehen unter „Toleranz“ eine gerade noch zulässige Abweichung von einer festgelegten Vorgabe. Etwa im Bauingenieurswesen: „Die Querschnittsabweichung der Sparren in Folge Toleranz darf höchstens 0,5% betragen.“ Toleranzbereiche sind meist genau angegebene Spielräume, innerhalb derer es zu Abweichungen kommen darf. Übertragen auf das Argumentieren bedeutet dies, dass es nicht darum geht, beliebige andere Auffassungen respektieren zu müssen, sondern die Spielräume auszuloten, innerhalb derer Abweichungen zulässig sind.

Spielräume sind Spielräume innerhalb bestimmter Grenzen. Im vorigen Kapitel wurden bereits einige mögliche Grenzen des Argumentierens angesprochen. Das Argumentieren stößt beispielsweise dort an seine Grenzen, wo fundamentale Meinungs- oder auch Interessengegensätze aufeinanderprallen und sich keine gemeinsam akzeptierten Voraussetzungen ausfindig machen lassen. In solchen Situation kann das Argumentieren keinen Konsens herstellen, bestenfalls die Fronten klären.

Zugleich besteht, wie wir bereits wissen, stets eine Option zum Zweifel. Im Prinzip lässt sich jede Art von Begründung, ja sogar jede Behauptung überhaupt anzweifeln. Es gibt keine Garantie dafür, dass eine gegebene Begründung akzeptiert werden müsste, und es gibt ein Recht, alles zu bezweifeln. Dieses Recht muss nicht immer in Anspruch genommen werden, es gibt einen freiwilligen Anzweifelungsverzicht. Doch das Recht selbst bleibt bestehen, auch wenn kein Gebrauch davon gemacht wird. Es gibt also stets eine Option zum Zweifel und dieses Recht kommt jedem Diskussionspartner gleichermaßen zu. Wenn der Anzweifelungsverzicht aber nur aus freien Stücken erfolgen und nicht erzwungen werden kann, dann existiert sozusagen auch ein Recht darauf, „nicht überzeugt zu sein“.

Tipp 10: Seien Sie tolerant und fordern Sie Toleranz ein. Das Argumentieren braucht einen gedanklichen Spielraum: Einerseits kann eine Einsicht in die Richtigkeit einer Argumentation bestimmte Konsequenzen als absolut zwingend erscheinen lassen, andererseits hat jeder Mensch das Recht darauf, von einer Argumentation nicht überzeugt zu sein. Diesen Ermessensspielraum auszuhalten, erfordert Toleranz.

Damit sind wir bei einem charakteristischen Paradox gelandet. Einerseits ist eine Argumentation darauf gerichtet, dass jemand eine These akzeptiert, die er vorher, ohne Begründung, nicht akzeptiert hat oder hätte. Argumentationen verfolgen oft das Ziel, dass Menschen ihre Ansichten aus guten Gründen ändern. Es gibt Argumentationen, die stichhaltig, plausibel, vielleicht sogar schlagend sind. Man spricht dann von „zwingenden Gründen“. Wer solche Begründungen nicht akzeptiert, gilt als starrköpfig, unbelehrbar, querulantisch und unvernünftig. Andererseits müssen wir dem Diskussionspartner ebenso das Recht zugestehen, eine angegebene Begründung zu bezweifeln oder zurückzuweisen. Niemand kann in einem emphatischen Sinne wirklich „gezwungen" werden, eine Begründung zu akzeptieren. Der Versuch, jemanden durch gute Gründe von der Richtigkeit einer These zu überzeugen, führt zu dem Anspruch, dass der andere seine Überzeugung dann auch ändern muss; die Einsicht in die Grenzen des Argumentierens, verbunden mit dem Zugeständnis des Rechtes auf „Nichtüberzeugtsein" führt jedoch zur Respektierung der Meinung des anderen. Dies ist das Paradox.

Die Lösung besteht in der Toleranz, verstanden als Spielraum von Überzeugungen innerhalb festgelegter Grenzen. Die Frage lautet: Wenn meine Argumentationspartnerin die von mir gegebene Begründung nicht akzeptiert, befindet sie sich dann noch in dem Bereich ihres Rechtes, nicht überzeugt zu sein, oder schon in dem Bereich der Starrsinnigkeit und Unbelehrbarkeit? Den Toleranzbereich einer Argumentation auszuloten ist eine der zentralen Aufgabe beim Argumentieren.

Der Toleranzbereich wird oft mit dem Bereich der Vernunft oder Rationalität identifiziert. Und sicher spielt Vernunft eine entscheidende Rolle bei der Bestimmung des zulässigen Toleranzbereiches einer Argumentation. Nicht jedes Zurückweisen einer gegebenen Begründung ist vernünftig, nicht jeder Zweifel ist berechtigt. Man könnte auch sagen, es ist Sache der Rationalität zu bestimmen, wann eine Begründung oder die Zurückweisung einer Begründung zulässig ist und wann nicht. Einen kleinen Teil dieser Aufgabe hat dankenswerterweise die formale Logik erfüllt. Die formale Logik hat Regeln dafür aufgestellt zu bestimmen, ob eine Schlussfolgerung aus einer Menge von Voraussetzungen logisch ableitbar ist. Das hilft uns auch beim Argumentieren weiter. Argumentieren umfasst allerdings deutlich mehr als die Anwendung der Logik, somit ist die Aufgabe durch die Logik noch nicht abgedeckt.

Gerade bei fundamentalen weltanschaulichen oder religiösen Meinungsverschiedenheiten zeigt sich auch eine politische Dimension bei der Festlegung des Toleranzbereiches. Eine politische Festlegung nimmt zum Beispiel das Grundgesetz der Bundesrepublik Deutschland vor. Das Grundgesetz ist eine politische Werteordnung, die so genannte freiheitlich demokratische Grundordnung (Artikel 18, 20, 21). Auf Basis dieser Werteordnung werden unter anderem Freiheitsrechte wie zum Beispiel das Recht auf freie Meinungsäußerung (Artikel 5, Abs. 1) gewährt, zugleich aber auch die Möglichkeit der Einschränkung der gewährten

Rechte durch die allgemeine Gesetzgebung eingeräumt (Art. 5, Abs. 2 u. 3). Im Strafgesetzbuch wird entsprechend im besonderen Teil unter den Straftatbeständen das öffentliche konsequente Vertreten nationalsozialistischer Überzeugungen unter bestimmten Bedingungen aus dem Toleranzbereich schlichtweg ausgeschlossen (§§ 86, 90a u. b, 129a u. 130).

Das Ausloten des Toleranzbereiches ist also mitnichten auf die formale Logik, eine Theorie der Argumentation oder eine Konzeption von Rationalität und Vernunft beschränkt. Praktische Argumentationen finden im praktischen Leben statt und haben Auswirkungen. Deshalb beanspruchen auch Recht und Politik eine Mitbestimmung über die Festlegung des Toleranzbereiches zulässiger Argumentationen. Die Festlegung des Toleranzbereiches ist daher vermutlich eine Aufgabe, die sich nicht pauschal erfüllen lässt, sondern sich in jedem konkreten Einzelfall stets von Neuem stellt.

► 10 praktische Tipps auf einen Blick: Die richtige Einstellung zum Argumentieren

Tipp 1: Keine Angst vor Kritik! Kritik und Zweifel gehören zum Argumentieren wesentlich dazu. Kritik mag nicht immer angenehm sein, sie ist aber die einzige wirkliche Chance für Veränderungen und Verbesserungen.

Tipp 2: Kritik und Zweifel lassen sich am besten verbinden mit einem Verständnis von Argumentieren als Prüf- und Beweisverfahren mit dem Ziel der Erkenntnissuche (Argumentationsform II).

Tipp 3: Der richtige Umgang mit Kritik und Zweifel besteht weder darin, Kritik möglichst zu umgehen, noch darin, immer alles zu kritisieren.

Tipp 4: Seien Sie sorgfältig, bewusst und kritisch im Umgang mit der sprachlichen Ausdrucksweise. Vorsicht im Umgang mit harmlos erscheinenden Synonymen, unauffälligen oder versteckten Wertungen, getarnten Reizwörtern, Parolen und Schlagwörtern.

Tipp 5: Seien Sie sorgfältig im Umgang mit dem Argumentationskontext. Versuchen Sie, das Thema sinnvoll einzugrenzen und die Streitfrage möglichst auf eine präzise und entscheidbare Alternativfrage zuzuspitzen.

Tipp 6: Seien Sie sorgfältig bei der Auswertung der Argumentation. Unterscheiden Sie, in welchem Grade es einer Argumentation gelungen ist, die These akzeptabel zu machen. Erklären Sie nicht vorschnell eine Argumentation als völlig gescheitert oder absolut zwingend.

Tipp 7: Argumentieren Sie sachlich und nicht persönlich. Vermeiden Sie *Ad-hominem*-Argumentationen. Die vorgebrachten Gründe sollen sich auf die These beziehen, nicht auf die Person, die die These vertritt. Das gilt insbesondere für Kritik. Wahren Sie die menschliche Integrität Ihres Gesprächspartners.

Tipp 8: Argumentieren Sie sachlich und nicht gefühlsbetont. Vermeiden Sie *Ad-misericordiam*-Argumentationen. Die vorgebrachten Gründe sollen sachliche Gründe sein und keine Appelle an das Gefühl. Dies gilt besonders für emotionsgeladene Themen (extreme menschliche Tragödien, extreme Verbrechen etc.).

Tipp 9: Argumentieren Sie fair. Vermeiden Sie *Ad-baculum*-Argumentationen. Achten Sie bei Argumentationen anderer auf die Androhung von Gewalt oder Nachteil, weisen Sie solche Mittel zurück und verzichten Sie selbst darauf, derartige Mittel zu verwenden. Argumentationen sollen sich auf das Feld der sprachlichen Auseinandersetzung beschränken.

Tipp 10: Seien Sie tolerant und fordern Sie Toleranz ein. Das Argumentieren braucht einen gedanklichen Spielraum: Einerseits kann eine Einsicht in die Richtigkeit einer Argumentation bestimmte Konsequenzen als absolut zwingend erscheinen lassen, andererseits hat jeder Mensch das Recht darauf, von einer Argumentation nicht überzeugt zu sein. Diesen Ermessensspielraum auszuhalten erfordert Toleranz.

Kapitel 3
Woraus bestehen Argumentationen? Bestandteile und Strukturen

Übersicht:

1. Einfache Argumentationen
2. Hypothetische Annahmen
3. Argumentationslücken
4. Komplexe Argumentationen
5. Begründungs- und Rechtfertigungsmuster

► 11 praktische Tipps auf einen Blick: Argumentationsstrukturen erkennen

1. Einfache Argumentationen

Argumentieren ist nicht nur ein schillernder Begriff, unter dem sich verschiedene Menschen ganz unterschiedliche Tätigkeiten vorstellen. Der Umgang mit Argumentationen ist oft eine sehr komplexe und manchmal auch vertrackte Angelegenheit. Argumentationen können sehr verwickelt und verwirrend sein, so dass am Ende gar nicht mehr so richtig klar ist, worum es überhaupt gehen sollte. Man kann sich beim Argumentieren leicht verrennen. Deshalb ist es sehr hilfreich, sich einmal die Grundbestandteile, die Strukturen und den allgemeinen Aufbau von Argumentationen zu vergegenwärtigen. Je klarer das Verständnis davon ist, was zur Argumentation gehört und was nicht, desto besser lassen sich dann auch komplexe Argumentationen überschauen. Und je deutlicher das Verständnis davon ist, nach welchen Strukturen Argumentationen aufgebaut sind, desto sicherer wird man im Umgang mit ihnen.

Von ihrer Grundstruktur her sind Argumentationen eigentlich ganz einfach. Die Grundstruktur einer Argumentation besteht darin, dass eine einzelne These durch einen einzelnen Grund gestützt wird. Doch was sind das eigentlich für Bestandteile, die da in einer Argumentation zusammenkommen? Bei genauerem Hinsehen stellt sich sogleich eine Reihe von Fragen: Woran erkennt man überhaupt eine These? Gibt es Anzeigewörter, an denen man ablesen kann, welches die These und welches die Begründung ist? Welche Art von Behauptung kommt als These in Betracht? Und welche Behauptungen kommen als Gründe in Frage? Sind Thesen und Begründungen immer strikte Behauptungen? Oder gibt es auch noch andere Möglichkeiten des weniger strikten Behauptens in einer Argumentation? Die letzte Frage wird uns auf eine wichtige Sonderform von Annahmen führen, nämlich auf hypothetische Annahmen.

Darüber hinaus ergibt sich noch ein besonderes Problem. Selbst einfache Argumentationen weisen oft erhebliche Lücken auf. Einige Lücken sind ungewollt, andere gewollt, manche sind unerheblich, andere sind entscheidend für die Beurteilung der Argumentation. Bei einfachen Argumentationen stellt sich daher insbesondere die ganz praktische Frage, wann eine Argumentation vollständig ist, worin Argumentationslücken bestehen, wie man sie erkennt und wie man damit umgehen soll.

Je schwieriger und strittiger eine Streitfrage ist, desto ausufernder und komplexer sind meist auch die Argumentationen. In Diskussionen und Debatten besteht das Hauptproblem oft gerade darin, dass das Thema nach und nach zu einem ganzen Bündel von Themen erweitert wird. Dementsprechend beziehen sich manche Argumentationen gar nicht auf eine einzelne Streitfrage, sondern auf einen ganzen Themenkomplex und bilden entsprechend einen ganzen Argumentationskomplex, der dann wiederum gar nicht mehr überschaubar ist. Bei komplexen Argumentationen stellt sich daher insbesondere die Frage, worin die Komplexität eigentlich besteht.

Argumentationen lassen sich allerdings nicht nur danach einteilen, ob sie einfach oder komplex, lückenhaft oder vollständig sind. Das sind rein formale Gesichtspunkte. Praktisch wird das Argumentieren erst dann, wenn man versucht, Argumentationstypen inhaltlich zu erfassen. Tatsächlich gibt es eine Vielzahl immer wiederkehrender inhaltlicher Grundmuster für die Begründung von Behauptungen und für die Rechtfertigung von Handlungen. Diese Grundmuster bilden den eigentlichen Fundus, aus dem wir alle dann die für die jeweilige Streitfrage passende Argumentation entwickeln. Um nur kurz ein Beispiel zu nennen: Eines der wichtigsten Grundmuster für Argumentationen ist die Berufung auf positive oder negative Handlungsfolgen, also auf Konsequenzen der Handlung. Wenn es darum geht, eine problematische Handlung zu rechtfertigen, berufen wir uns oftmals darauf, dass die Handlung positive Konsequenzen haben wird oder dass die Unterlassung der Handlung negative Konsequenzen hätte. Das gilt zum Beispiel auch für Jessica: „Jessica muss jetzt ins Bett, sonst ist sie morgen nicht fit für die Schule." Eine Zusammenstellung und Betrachtung der wichtigsten dieser Grundmuster des Begründens und Rechtfertigens bildet den Abschluss dieses Kapitels.

Soweit die Vorschau. Beginnen wir zunächst mit einigen Fragen nach den Bestandteilen und Strukturen einer einzelnen Argumentation.

Woraus bestehen Argumentationen? Wie wir bereits wissen, ist eine Argumentation nichts anderes als eine Begründung oder Rechtfertigung, und sie besteht, wie wir ebenfalls bereits wissen, aus zwei Elementen: einer einzelnen Behauptung, nämlich der strittigen These beziehungsweise problematischen Handlung, und einer Menge von Voraussetzungen, den Gründen beziehungsweise der Rechtfertigung. Diese beiden Elemente stehen in einer bestimmten Beziehung zueinander. Die Beziehung wird entsprechend als Begründungsrelation oder Rechtfertigungsrelation bezeichnet.

Tipp 1: Eine Argumentation besteht immer aus einer strittigen Behauptung (These) oder einer Aussage über eine problematische Handlung sowie einer Begründung für die These beziehungsweise einer Rechtfertigung für die Handlung.

Woran erkennt man eine These? Das wichtigste Kennzeichen für eine These ist, dass sie die strittige Behauptung oder das strittige zentrale Thema einer Argumentation in einem Text oder einer Rede ist. Dazu ein Beispiel: „Es war nicht richtig, dass du gelogen hast, auch nicht in dieser Situation, denn man soll immer die Wahrheit sagen!" Die These, die begründet werden soll, lautet: „Es war nicht richtig, dass du gelogen hast, auch nicht in dieser Situation". Inwiefern ist diese These strittig? Die Strittigkeit ergibt sich aus dem Gesprächskontext, den wir hier zwar nicht kennen, den wir jedoch leicht erschließen können. Offenbar gab es noch eine andere Person, an die sich die Ermahnung richtet, und die der Meinung gewesen ist, es wäre in einer bestimmten Situation richtig gewesen zu lügen. Dagegen wendet sich nun die Argumentation mit der Gegenthese: „Es war nicht richtig, dass du gelogen hast, *auch nicht in dieser Situation*". Die Begründung lautet: „Man soll immer die Wahrheit sagen."

Ein weiteres Beispiel: „Das Foto ist zwar umstritten, aber wir haben keine Wahl: Wenn wir es nicht veröffentlichen, dann bringt es eine andere Zeitung." Die Handlung, die gerechtfertigt werden soll, ist die Veröffentlichung eines umstrittenen Fotos: „Das umstrittene Foto soll veröffentlicht werden" oder „Es ist richtig, das umstrittene Foto zu veröffentlichen". Die Rechtfertigung lautet: „Wenn wir es nicht veröffentlichen, dann bringt es eine andere Zeitung".

Eine These ist eine Behauptung. Eine Behauptung ist eine Aussage, die behauptet wird. Die Aussage kann eine Tatsachenaussage sein: „Angela Merkel ist die erste deutsche Kanzlerin". Die Aussage kann auch eine Forderung sein: „Frau Merkel soll sich für die Senkung der Arbeitslosigkeit einsetzen". Auch das ist eine Behauptung. Tatsachenaussagen können wahr oder falsch sein, Forderungen berechtigt oder unberechtigt – beides sind Behauptungen. Keine Behauptungen dagegen sind Ausrufe wie „Ah!" oder Fragen wie „Welche Handtasche wird sie wohl morgen tragen?"

Eine These kann sprachlich auf sehr vielfältige Weise ausgedrückt werden. Manchmal steht sie in einem eigenen Hauptsatz, ein anderes Mal in einem beigeordneten Nebensatz, manchmal ist sie sehr knapp formuliert, ein anderes Mal werden mehrere Sätze oder sogar mehrere Absätze dazu verwendet, in manchen Fällen taucht sie nur einmal auf, in anderen Fällen wird sie mehrfach in unterschiedlichen Formulierungsvarianten wiederholt.

Es gibt Fälle, bei denen ein Fragesatz als These gemeint ist: „An der Rechtfertigung der USA für den Einmarsch ihrer Truppen in den Irak dürften wohl Zweifel angebracht sein. Waren es wirklich die hehren Ideale von Freiheit, Selbstbestimmung und Friedenswahrung, die sie dazu bewogen?" Grammatisch betrachtet ist der Fragesatz eigentlich gar keine Behauptung. Mit etwas Wohlwollen lässt er sich aber durchaus als These interpretieren, dass die genannten Motive nicht die wirklichen Handlungsmotive der USA waren. Als Behauptung formuliert hieße das: „Es waren nicht die hehren Ideale von Freiheit, Selbstbestimmung und Friedenswahrung, die die USA zum Truppeneinmarsch in den Irak bewogen."

Und schließlich kommt es auch gar nicht so selten vor, dass die These überhaupt nicht ausdrücklich formuliert wird, sondern aus dem Kontext erschlossen werden muss: „Wer heute versucht, die Tarifautonomie auszuhöhlen, der versucht morgen auch, die Gewerkschaften ganz abzuschaffen!" Wie lautet die These? Eine Möglichkeit ist: „Der Versuch, die Tarifautonomie auszuhöhlen, ist nicht gerechtfertigt." Eine andere mögliche

These wäre: „Der Versuch, die Tarifautonomie auszuhöhlen, ist der erste Schritt auf dem Weg zur Abschaffung der Gewerkschaften." Um hier Klarheit zu schaffen, müsste man nachfragen, welche These vertreten werden soll.

In manchen, wenngleich nicht in allen Fällen kann man die These eindeutig an einer bestimmten Formulierung erkennen. Es gibt Anzeigewörter, die deutlich machen, dass es sich um eine These handelt. Solche Wörter sind zum Beispiel „also", „daher", „deshalb", „deswegen", „aus diesem Grunde folgt...", „folglich" und „somit". Solche Anzeigewörter gibt es auch zur Kennzeichnung von Gründen, einige davon sind „denn", „weil", „da", „aufgrund" und „wegen". Es scheint allerdings zum wenn schon nicht guten, so doch gebräuchlichen Stil im Deutschen zu gehören, Anzeigewörter ganz wegzulassen oder diese Wörter sogar in einem anderen Sinn als zur Kennzeichnung von These oder Gründen zu benutzen. Auf Anzeigewörter kann man sich also nicht blindlings verlassen. Trotzdem sind Anzeigewörter, wenn sie vorkommen, in der Regel ganz gute Hinweise darauf, welche Behauptung als These gemeint ist und welche Behauptungen als Gründe gemeint sind.

Tipp 2: Die These ist immer die besonders strittige zentrale Behauptung einer Argumentation. Achten Sie außerdem auf Anzeigewörter für die These („also", „daher", „deshalb" etc.) und Anzeigewörter für die Begründung („denn", „weil", „da" etc.).

Was kommt als These in Betracht? Im Prinzip kommt jede Art von Behauptung als These in Betracht. Jede Behauptung kann strittig sein, keine Behauptung ist dagegen gefeit, angezweifelt zu werden. Selbst wenn eine bestimmte Behauptung tatsächlich akzeptiert ist, so gilt dies immer nur relativ zu einer Person oder Personengruppe und relativ zu einem Zeitpunkt oder einer Zeitspanne. Diese Einschränkung gilt für jegliche Art von Behauptungen, rein beschreibende Behauptungen ebenso wie Bewertungen oder Empfehlungen. Ob die Erde die Form einer Kugel hat, ob Atomkraftwerke ungefährlich sind, ob die DDR ein „Unrechtsstaat" war, ob eine Verbrennung eine chemische Reaktion mit Sauerstoff ist, ob es einen Gott gibt, ob Freiheit ein höheres Gut ist als Gleichheit, ob die deutsche Nationalelf eine Chance bei der kommenden Fußballweltmeisterschaft hat – all dies kann strittig sein und ist es zum Teil tatsächlich. Im Prinzip kommt als These jegliche Art von Behauptung in Betracht, die anzweifelbar ist, und das heißt schlicht: jede Behauptung.

Jede Behauptung *kann* strittig sein. Zugleich gilt aber auch: *keine* Behauptung *muss* strittig sein. Nicht jede Aussage, die bestritten werden könnte, wird auch tatsächlich bestritten. Viele Aussagen sind einfach unstrittig, zum Beispiel dass Wasser unter normalen Bedingungen bei etwa 100 Grad Celsius kocht. Ebenso wie wir das Rad nicht ständig neu erfinden müssen, gibt es auch einen Bestand an Aussagen, die normalerweise nicht bestritten werden. Darüber hinaus gibt es auch viele Behauptungen, bei denen kaum Aussicht darauf besteht, dass sie ihre Strittigkeit überhaupt jemals verlieren werden, auch wenn sie noch so gut begründet sind. Religiöse Fundamentalismen oder weltanschauliche Überzeugungen, elementare moralische Normen und Prinzipien und schließlich auch persönliche Bewertungs- und Geschmacksfragen sperren sich oft hartnäckig gegen einen breiten Konsens. Stößt man in der Diskussion an die Grenze, wo es keine geteilten Grundüberzeugungen mehr gibt, so endet damit meist auch der Sinn des Begründens. Das ist nicht schön, aber so ist es nun einmal.

Tipp 3: Jede Art von Behauptung kann zu einer strittigen These werden. Tatsachenbehauptungen können ebenso strittig sein wie Bewertungen, Forderungen, problematische Handlungen oder Verhaltensweisen. *Jede* Behauptung *kann* strittig sein, *keine* Behauptung *muss* strittig sein.

Was sind mögliche Gründe und wie findet man sie? Im Prinzip ist die Anzahl möglicher Gründe unendlich groß. Ebenso wie jede Behauptung angezweifelt werden kann, kann auch jede Behauptung als Grund angeführt werden. In der Realität jedoch sind die Möglichkeiten des Begründens eher begrenzt.

Tipp 4: Die Begründung für eine These ergibt sich meist aus dem Kontext des Themas.

Eine Begrenzung geht vom Kontext der Sache aus. Die strittige These einer Begründung steht zumeist im Kontext eines Themas, und dieses Thema begrenzt zugleich auch die möglichen Begründungen. Begründungen für die These, dass Sterbehilfe in bestimmten Fällen straffrei sein sollte, wird man vernünftigerweise in den Bereichen Medizin und Rechtswissenschaft suchen. Maschinenbau und Agrartechnik spielen hier vermutlich keine große Rolle. Umgekehrt spielen Medizin und Rechtswissenschaft nur eine begrenzte Rolle bei der Begründung der These, dass die derzeit verfügbaren Agrartechniken für die Ernährung der Weltbevölkerung ausreichen. Sicherlich ist es auch möglich, in thematisch entfernteren Gebieten zu suchen und fündig zu werden, und eine abseits gefundene Begründung kann sehr originell und aufschlussreich sein. Doch die Regel ist dies nicht.

Abgesehen davon ergeben sich die allermeisten Begründungen allerdings nicht aus dem inhaltlichen Kontext, sondern über bestimmte formale Argumentationsmuster. Solche Muster können in Begründungs- und Rechtfertigungsmuster eingeteilt werden. Sie sind so wichtig und zentral, dass wir sie später in einem eigenen Abschnitt dieses Kapitels (3.5) noch ausführlich behandeln werden.

2. Hypothetische Annahmen

Ein besonders wichtiger Typ von Annahmen in Argumentationen sind hypothetische Annahmen. Eine hypothetische Annahme ist eine Annahme, die nicht als sicher oder gewiss behauptet, sondern nur als Vermutung angesehen wird. Die Sprecherin distanziert sich von vornherein und gesteht zu, dass die hypothetische Annahme auch falsch sein kann. „Es könnte sein, dass wir in zweitausend Jahren alle Antennen auf dem Kopf tragen. Ich weiß es nicht, möglich wär's." Ein hypothetische Annahme bietet die Möglichkeit zu einem freien oder freieren Gedankenspiel. Man tut so, als ob. Es ist eben nur eine Annahme und keine Behauptung. Man ist nicht strikt daran gebunden, die Annahme tatsächlich persönlich zu vertreten. Dies ermöglicht zugleich, sich von einer Streitfrage ein Stück weit zu distanzieren. Man tut eben nur so als ob.

Tipp 5: Achten Sie auf hypothetische Annahmen. Ungewisse Feststellungen sollten nicht als strikte Behauptungen, sondern als hypothetische Annahmen formuliert werden.

Die Möglichkeit der Distanzierung ist zentral für eine Argumentation. Je ehrlicher und realistischer wir sind, desto eher müssen wir zugestehen, dass wir oft nicht über unumstößliches Faktenwissen verfügen, sondern nur über Vermutungen, das heißt über Annahmen, von denen wir nicht zu hundert Prozent wissen, ob sie stimmen. In dieser Situation ist es oft ratsam, Annahmen nicht strikt zu behaupten, sondern als Möglichkeit in den Raum zu stellen. Gerade bei besonders emotionsgeladenen Themen wie politischem Extremismus oder Kapitalverbrechen bietet sich dadurch zugleich auch die Chance einer Versachlichung, indem man vom strikten Behaupten zu einer „sanfteren" Form des Behauptens kommt, die für den Gesprächspartner unter Umständen weniger schockierend oder provozierend wirkt. Das Formulieren einer ungewissen Aussage als hypothetische Annahme ist also zunächst und vor allem ein Gebot der Ehrlichkeit und des Realismus, und sie bietet in einigen Fällen auch die Chance zur Versachlichung einer Diskussion.

In Argumentationen tauchen hypothetische Annahmen zumeist in zwei Formen auf: zum einen als bedingte Behauptungen, zum anderen als kontrafaktische Annahmen.

Eine bedingte Behauptung ist eine Annahme, die nur unter einer gewissen Bedingung behauptet wird: „Wenn sich herausstellt, dass der Präsident in dieser wichtigen Frage gelogen hat, dann sollte er zurücktreten." Man behauptet nicht, der Präsident solle zurücktreten, sondern er solle zurücktreten, *wenn* sich herausstellt, dass er gelogen hat. „Falls es doch das Industrieunternehmen XY ist, das für die Verschmutzung des Flusses verantwortlich ist, dann sollte dieses Unternehmen zur Rechenschaft gezogen werden." Die Konsequenz ergibt sich in beiden Fällen erst dann, wenn die Bedingung erfüllt ist, andernfalls nicht. Sprachliche Anzeichen für bedingte Behauptungen sind Wörter wie „wenn..., dann...", „falls", „sofern", „angenommen, dass...", „vorausgesetzt, dass..." oder „gesetzt den Fall, dass...".

> **Tipp 6:** Achten Sie auf bedingte Behauptungen: Behauptungen, die nur dann vertreten werden, wenn eine gewisse Bedingung erfüllt ist. Sprachliche Anzeichen für bedingte Behauptungen sind z. B. „wenn ..., dann ..." oder „vorausgesetzt, dass ...".

Die zweite Form der hypothetischen Annahme ist die kontrafaktische Annahme. Eine kontrafaktische Annahme ist eine hypothetische Annahme, die man regelrecht für falsch hält und die man nur deswegen macht, um zu zeigen, dass sie falsch ist. Dazu ein Beispiel: „Sie behaupten, wir sollen den Forderungen der Entführer nachgeben, damit die Entführungsopfer unversehrt freikommen. Aber angenommen, wir würden den erpresserischen Forderungen der Entführer wirklich nachgeben – was dann? Haben wir denn eine Garantie dafür, dass die Entführten wirklich unversehrt freikommen? Nein, das haben wir nicht. Ich fordere daher, den erpresserischen Forderungen der Entführer nicht nachzugeben!" Die Sprecherin hält es offenbar für falsch, den Forderungen der Entführer nachzukommen, und fragt deshalb, wel-

> **Tipp 7:** Achten Sie auf kontrafaktische Annahmen: Annahmen, die nur deswegen vertreten werden, um zu demonstrieren, dass sie falsch sind.

che – nicht wünschenswerte – Konsequenz sich daraus ergeben würde, wenn man dies täte.

Eine kontrafaktische Annahme kann ein sehr plausibler Einwand gegen eine Begründung sein. Im Beispielfall der Entführungsproblematik hängt die Beurteilung davon ab, ob man die Erfüllung der Forderungen als geeignetes Mittel dafür ansieht, dass die Entführungsopfer frei kommen und ob man eine Garantie dafür einfordern will oder sich damit begnügt, dass man die Chancen für eine Freilassung zumindest deutlich erhöht.

Als Einwand richtet sich eine kontrafaktische Annahme nicht gegen die These selbst, sondern gegen die Beziehung zwischen der These (oder Handlung) und der Begründung (bzw. Rechtfertigung). Nicht das Ziel selbst wird bestritten – selbstverständlich sollen die Geiseln freikommen! –, sondern es wird bezweifelt, dass das vorgeschlagene Mittel ein gutes Mittel zur Erreichung des Ziels ist. „Wenn Sie meinen, eine härtere Bestrafung für Täter hätte eine Abschreckungswirkung, dann irren Sie! Spielen wir das doch einmal durch und nehmen wir einmal an, wir würden das Strafmaß für Kriminelle tatsächlich drastisch erhöhen. Glauben Sie wirklich, dass dadurch ein Abschreckungseffekt zu erzielen wäre? Ich bezweifele das sehr. Eine Erhöhung des Strafmaßes würde auf Seiten der Täter nur die Frustration, und auf Seiten des Staates nur die Kosten erhöhen!“ Die angegebene Begründung, die der Diskussionsteilnehmer hier offenbar für falsch hält, wird vorübergehend probeweise als zutreffend angenommen, um zu zeigen, dass dies keine gute Begründung für die These ist.

3. Argumentationslücken

Wenden wir uns nun den Argumentationsstrukturen zu. Die Grundstruktur einer Argumentation ist eigentlich recht einfach. Ein Grund soll eine These begründen. Einfache Argumentationen haben den Vorteil, dass man sich auf die Struktur der Argumentation konzentrieren kann, ohne sich in Details zu verlieren. Doch auch einfache Argumentationen müssen aufmerksam und sorgfältig betrachtet werden. Die Hauptschwierigkeit ist hierbei die Vollständigkeit. Die allermeisten Argumentationen sind unvollständig und weisen erhebliche Lücken auf. Betrachten wir dazu zunächst einen ganz harmlosen Fall:

„Jessica soll um neun Uhr ins Bett. Warum? Weil sie in der Schule aufmerksam sein und etwas lernen soll, und das kann sie nur, wenn sie genügend Schlaf bekommt.“

Versuchen wir, diese Argumentation etwas zu ordnen:

These: Jessica soll um neun Uhr ins Bett.

Grund: Jessica soll in der Schule aufmerksam sein und etwas lernen.

Bedingung: Jessica kann nur dann in der Schule aufmerksam sein und etwas lernen, wenn sie genügend Schlaf bekommt.

Man bemerkt es zunächst kaum, aber hier fehlt etwas im Übergang zwischen dem Grund und der These, nämlich das Bindeglied zwischen „genügend Schlaf bekommen“ und „um neun Uhr ins Bett“. Wenn Jessica spitzfindig sein wollte, könnte sie beispielsweise einwenden: „Ich sehe ein, dass ich in der Schule aufmerksam sein und etwas lernen soll, und ich sehe auch ein, dass das nur geht, wenn ich genügend Schlaf bekomme. Aber was ich *trotzdem* nicht einsehe, ist, dass ich genau um neun Uhr ins Bett muss.“ Jessica hat recht. Tatsächlich reichen die angegebenen Gründe der Mutter, so wie sie ausdrücklich dastehen, in diesem Fall nicht aus. Die Argumentation wird erst dann wirklich überzeugend, wenn man eine Zusatzannahme hinzufügt:

These: Jessica soll um neun Uhr ins Bett.

Grund: Jessica soll in der Schule aufmerksam sein und etwas lernen.

Bedingung: Jessica kann nur dann in der Schule aufmerksam sein und etwas lernen, wenn sie genügend Schlaf bekommt.

Zusatzannahme: Genügend Schlaf bekommt Jessica nur, wenn sie um neun Uhr im Bett ist.

Diese Zusatzannahme kam ursprünglich nicht vor, sie blieb unausgesprochen, *implizit*. Der Mutter kam sie sicher ganz selbstverständlich vor, für sie war es nicht nötig, diese Annahme eigens aufzuführen. Solange aber die Zusatzannahme nicht *explizit* gemacht wird, ist die Begründung nicht vollständig. Die Zusatzannahme ist dabei kein zusätzlicher Grund, sondern nur eine Annahme zur Vervollständigung der bereits bestehenden Begründung. Die Begründung besteht weiterhin nur aus einem Grund.

Mit der Zusatzannahme ist die Begründung nun vollständig. Jessica kann jetzt den Einwand, den sie gemacht hatte, nicht mehr machen. Sie könnte nun bestenfalls noch behaupten, dass die Zusatzannahme nicht stimmt, und meinen, sie würde auch dann genügend Schlaf bekommen, wenn sie erst um zehn Uhr ins Bett ginge. Die Argumentation bleibt anfechtbar. Aber dieser Einwand hätte nun einen ganz anderen Charakter. Es stünde dann Aussage gegen Aussage. Alles hängt nun davon ab, ob die Zusatzannahme akzeptiert wird oder nicht. Durch die Ergänzung ist die Begründung klarer und durchschaubarer geworden. Es ist jetzt ganz klar, worin der Streitpunkt zwischen Jessica und ihrer Mutter eigentlich besteht, nämlich in einer unterschiedlichen Beurteilung, ob die Zusatzannahme stimmt oder nicht.

Tipp 8: Achten Sie auf Argumentationslücken, sowohl bei fremden, als auch bei Ihren eigenen Argumentationen. Argumentationslücken sind nicht in jedem Fall ein Fehler, sie können aber eine Schwachstelle darstellen und einen Ansatz für Kritik bilden.

Wenn es zum Meinungsstreit kommt, bietet die Vervollständigung oftmals eine gute Möglichkeit, herauszufinden, an welcher Stelle der Argumentation die Meinungsverschiedenheit eigentlich besteht. Die Vervollständigung der Argumentation bietet zwar keine Garantie dafür, dass die Argumentation nunmehr von jedem Menschen akzeptiert werden müsste. Eine vollständige Argumentation ist jedoch vor allem immer eines: einsichtig und klar. Wer nun etwas daran kritisieren will, kann zumindest nicht mehr behaupten, dass zwischen der These und der Begründung eine Lücke klafft. Die Lücke ist jetzt geschlossen. Diese Klarstellung ist ein gutes Teilziel auf dem Weg zur Begründung einer These.

Tipp 9: Versuchen Sie, Argumentationslücken aufzudecken, indem Sie kritische Fragen stellen, die die Lücken deutlich machen. Überlegen Sie, wie man die Argumentation ergänzen müsste, damit sie lückenlos ist. Bei vervollständigten Argumentationen lässt sich meist besser erkennen, an welcher Stelle der Argumentation die Meinungsverschiedenheit besteht.

In vielen Fällen ist es gar nicht nötig, von vornherein alle Annahmen aufzuführen und sich immer um Vollständigkeit zu bemühen. Oft wäre es schlicht pedantisch und viel zu umständlich, auf unbedingte Lückenlosigkeit und Vollständigkeit zu pochen. Dennoch sind Argumentationslücken immer gefährlich: Argumentationslücken sind die ungesicherten Stellen einer Argumentation, an denen die Kritikerin zuerst einzudringen versucht.

Argumentationslücken sind jedoch auch noch aus einem ganz anderen Grund problematisch. Die Tücke mit der Lücke besteht darin, dass sie nicht auffällt. In den allermeisten Fällen ergänzen wir quasi automatisch argumentative und informative Lücken in der Argumentation. Wir denken uns selbstständig den Rest dazu, der nötig wäre, damit die Argumentation vollständig ist. Im Fall Jessica mag das noch unproblematisch sein, es gibt jedoch auch kritische Fälle:

> „Das machen doch alle so, dass sie der Versicherung im Schadensfall mehr angeben, als tatsächlich gestohlen wurde, darauf haben sich die Versicherungen doch schon längst eingestellt und nehmen entsprechend höhere Beiträge. Im Grunde genommen hole ich mir nur zurück, was ich ohnehin schon vorher an Beiträgen bezahlt habe!“

Schauen wir uns diese Argumentation einmal etwas genauer an. In geordneter Darstellung könnte sie so aussehen:

> *These:* Es ist gerechtfertigt, der Versicherung im Schadensfall mehr anzugeben, als tatsächlich gestohlen wurde.
>
> *Annahme 1:* Das machen doch alle so.
>
> *Annahme 2:* Die Versicherungen haben sich darauf eingestellt und nehmen entsprechend höhere Beiträge.
>
> *Annahme 3:* Wenn ich der Versicherung im Schadensfall mehr angebe, als tatsächlich gestohlen wurde, hole ich mir nur zurück, was ich ohnehin schon vorher an Beiträgen bezahlt habe.

Auf den ersten Blick erscheint diese Argumentation mit den drei Annahmen sicherlich dem ein oder anderen vertraut, vielleicht sogar plausibel. Versuchen wir nun jedoch einmal, den Kern des darin ausgedrückten Gedankens noch etwas genauer zu formulieren, indem wir alle nötigen Annahmen, also nicht nur die expliziten, sondern auch die impliziten, möglichst vollständig einzeln auflisten:

1. Alle Versicherten geben ihrer Versicherung im Schadensfall mehr an, als tatsächlich gestohlen wurde.
2. Nur darum nehmen die Versicherungen überhaupt so hohe Beiträge.

3. Würden nicht alle Versicherten ihrer Versicherung im Schadensfall mehr angeben, als tatsächlich gestohlen wurde, dann würden die Versicherungen nicht so hohe Beiträge nehmen.

4. Versicherte, die ihrer Versicherung im Schadensfall mehr angeben, als tatsächlich gestohlen wurde, haben einen Vorteil daraus. (Sie tun das aus Eigennutz.)

5. Es ist nicht möglich, alle anderen Versicherten dazu zu bewegen, ihrer Versicherung gegenüber im Schadensfall ehrlich zu sein.

6. Es ist nicht möglich, zu beeinflussen, dass die Versicherung so hohe Beiträge nimmt.

7. Ich habe im Schadensfall die Entscheidung zwischen zwei Handlungsalternativen: ehrlich sein oder nicht ehrlich sein.

8. Wenn ich ehrlich bin, kann ich trotzdem nicht verhindern, dass die Versicherung so hohe Beiträge nimmt (weil ich die anderen Versicherten nicht dazu bringen kann, ihrer Versicherung gegenüber ehrlich zu sein).

9. Wenn ich nicht ehrlich bin, kann ich wenigstens einen Vorteil daraus haben.

10. Wenn bei einem Zustand, den ich nicht beeinflussen kann, zwei alternative Handlungsmöglichkeiten bestehen, sind beide Handlungsalternativen gleichermaßen gerechtfertigt.

11. Es ist genauso gerechtfertigt, bei einem Schadensfall der Versicherung die Schadenssumme korrekt anzugeben wie auch, der Versicherung mehr anzugeben, als tatsächlich gestohlen wurde.

12. Es ist gerechtfertigt, der Versicherung im Schadensfall mehr anzugeben, als tatsächlich gestohlen wurde.

Es sind also nicht drei, sondern zwölf Annahmen nötig, wenn man die These einigermaßen ausreichend zu begründen versucht. Betrachtet man nun diese zwölf Annahmen, erkennt man viel leichter mögliche Ansatzpunkte für Kritik.

Stimmt es wirklich ...

... dass alle Versicherten ihrer Versicherung im Schadensfall mehr angeben, als tatsächlich gestohlen wurde? Vielleicht sind es gar nicht alle, sondern nur einige (oder viele).

... dass nur darum die Beiträge so hoch sind? Vielleicht gibt es weitere Gründe dafür, dass die Beiträge so hoch sind.

... dass Versicherte, die ihrer Versicherung im Schadensfall mehr angeben, als tatsächlich gestohlen wurde, einen Vorteil daraus haben? Immerhin bringt ihnen das auch den Nachteil höherer Versicherungsbeiträge.

Viele weitere kritische Fragen ließen sich anschließen.

Unvollständige Argumentationen erwecken oft zu unrecht den Anschein, dass eine These gut begründet ist. Schlimmer noch. Manchmal werden Argumentationslücken sogar bewusst in Kauf genommen oder sogar absichtlich in die Argumentation eingebaut, um eine Schwachstelle oder Ungereimtheit zu kaschieren. Betrachten wir dazu das folgende Beispiel.

„Die Anschaffung des Eurofighter ist absolut unumgänglich und auch finanziell verantwortbar. Die Produktionskosten belaufen sich pro Stück auf ca. 80 Millionen Euro. Das ist durchaus vertretbar angesichts der ständig wachsenden Bedrohungslage durch den internationalen Terrorismus."

Genau genommen ist dies bereits mehr als eine Begründung für eine These, denn es ist sowohl von einem Kostenfaktor als auch von einem Schutz gegen eine wachsende Bedrohungslage die Rede. Konzentrieren wir uns jedoch für den Moment auf den Kostenaspekt: 80 Millionen Euro Produktionskosten seien ein vertretbarer finanzieller Aufwand. Die Begründung klingt zunächst plausibel. Bei näherem Hinsehen entdeckt man jedoch, dass beim Kostenfaktor ganz schön getrickst wird:

- Was ist in den 80 Millionen Euro alles enthalten? Kostet das Flugzeug allein soviel oder sind darin die Systemtechnik und Bewaffnung mit inbegriffen?
- Gibt es eine Preisentwicklung? Was sollte das Flugzeug ursprünglich kosten? Mit welcher weiteren Preisentwicklung ist bis zur kompletten Abwicklung des Herstellungsauftrages zu rechnen?
- Gibt es Folgekosten für den Unterhalt des Flugzeugs? Was kosten beispielsweise Kraftstoff, Wartung und Testflüge? Wie stör- und reparaturanfällig sind Technik, Mechanik und Bewaffnungssysteme?
- Sind Nachschulungen oder besondere Ausbildungen für Piloten erforderlich? Braucht es spezielle Landeeinrichtungen oder Abschussvorrichtungen?

- Verursacht das Flugzeug besondere Umweltschäden, die durch erhöhte Mehrkosten ausgeglichen werden müssen?
- Wie lang ist die voraussichtliche Nutzungsdauer des Flugzeugs? In welchem Zeitraum ist mit einem Veralten zu rechnen?

Dies sind nur einige von vielen möglichen kritischen Fragen zum Kostenaspekt. Man sieht an dem Eurofighter-Beispiel sehr deutlich, dass unvollständige und lückenhafte Informationen dazu dienen können, eine Begründung stärker erscheinen zu lassen, als sie tatsächlich ist. Anders als in den vorher betrachteten Fällen, braucht man in diesem Fall erhebliche Sachkenntnisse über den speziellen inhaltlichen Streitpunkt, um zu erkennen, dass und inwiefern der angegebene Grund auf lückenhaften oder vereinfachten Informationen beruht.

Das Eurofighter-Beispiel zeigt auch, dass die Frage nach der Vollständigkeit einer Argumentation keineswegs nur von theoretischer, sondern auch von praktischer Bedeutung ist. Wenn man sich darüber im Klaren ist, dass viele Argumentationen unvollständig sind und dass mit diesen Argumentationslücken manchmal auch etwas kaschiert werden soll, schärft dies zugleich das Bewusstsein dafür, wie wichtig es sein kann, durch kritische Fragen die Argumentationslücken aufzuspüren. Erst die vervollständigte Argumentation ist wirklich nachprüfbar, erst wenn alle Gründe, Bedingungen und Zusatzannahmen offen auf dem Tisch liegen, weiß man, worauf man sich einlässt, wenn man die These aufgrund einer angegebenen Begründung akzeptieren soll.

Wie lässt sich überprüfen, ob eine Begründung vollständig ist? Ein absolut zuverlässiges und erfolgreiches Verfahren dafür gibt es leider nicht, aber es gibt wenigstens einen einigermaßen guten Test, mit dessen Hilfe man einen ersten Anhaltspunkt gewinnen kann:

> Stellen Sie sich vor, alles, was Sie zur Verfügung hätten, wäre die Begründung – würde sich daraus die These als eine vernünftige Schlussfolgerung ergeben?

Konkret: Angenommen, alle Versicherten gäben im Schadensfall gegenüber ihrer Versicherung mehr an, als tatsächlich gestohlen wurde. Außerdem angenommen, die Versicherungen hätten sich darauf eingestellt und nähmen entsprechend höhere Beiträge. Schließlich angenommen, wenn ich der Versicherung im Schadensfall mehr angebe, als tatsächlich gestohlen wurde, würde ich mir nur zurückholen, was ich bereits an Beiträgen bezahlt habe – ist dann die Schlussfolgerung plausibel, dass es gerechtfertigt ist, der Versicherung im Schadensfall mehr anzugeben, als tatsächlich gestohlen wurde?

Die Antwort lautet ganz klar nein. Es fehlen wichtige Annahmen, ohne die die Schlussfolgerung in der Luft hängt. Es fehlt zum Beispiel die wichtige Annahme, dass ich die hohen Versicherungsbeiträge nicht beeinflussen kann und dass das Nichtbeeinflussenkönnen entscheidend dafür ist, dass es gerechtfertigt ist, der Versicherung gegenüber mehr anzugeben, als tatsächlich gestohlen wurde. Dass wir derartige Annahmen nur allzu bereitwillig im Geiste selbstständig ergänzen, ändert nichts an der Tatsache, dass die Annahmen nicht explizit und offen ausgesprochen worden sind.

Tipp 10: Wenn Sie nicht sicher sind, ob eine Argumentation vollständig ist, versuchen Sie folgenden Test: Stellen Sie sich vor, alles, was sie zur Verfügung hätten, wäre die Begründung – würde sich daraus die These als eine vernünftige Schlussfolgerung ergeben?

Das Erkennen von Argumentationslücken und das Ergänzen unvollständiger Annahmen in Argumentationen erfordert eine gehörige Portion Übung. Seien Sie daher nicht beunruhigt, wenn Sie die Lücken beim ersten Lesen noch nicht erkannt haben. Es gehört zum reibungslosen Ablauf unserer alltäglichen Kommunikation, gedankliche oder sprachliche Lücken stillschweigend von selbst zu ergänzen. Daher ist es auch kein Wunder, wenn uns dieses automatische Vervollständigen gar nicht bewusst ist. Bei Argumentationen jedoch können sich hinter Argumentationslücken auch sehr problematische Annahmen verbergen, so dass es in jedem Fall besser ist, sich der Lücken bewusst zu werden.

4. Komplexe Argumentationen

Bisher wurden ausschließlich einfache Argumentationen behandelt. Einfache Argumentationen bleiben jedoch selten einfach, meist werden sie recht schnell immer komplexer. Zunehmende Komplexität vollzieht sich dabei über mehrere, genauer gesagt über vier Schritte.

Der erste Schritt auf dem Weg zunehmender Komplexität besteht darin, unvollständige Argumentationen zu ergänzen und zu vervollständigen. Wie wir gerade gesehen haben, ist das, was als Begründung angeführt wird, in vielen, vielleicht sogar in den allermeisten Fällen nicht ausreichend, um die These wirklich zu begründen. Meistens ist eine Ergänzung in Form einer Bedingung oder Zusatzannahme nötig. Ergänzte und vervollständigte Argumentationen sind komplexer als die lückenhafte Ausgangsform.

Der zweite Schritt auf dem Weg zunehmender Komplexität wird dann vollzogen, wenn ein angegebener Grund selbst als begründungsbedürftig angesehen und angezweifelt wird. Die ebenfalls bereits mehrfach angesprochene offene Struktur von Begründungen lässt prinzipiell die Möglichkeit offen, dass ein Grund Ausgangspunkt für weitere Begründungsforderungen werden kann. Es ist daher immer notwendig, mögliche Einwände gegen einen Grund zu berücksichtigen. Solche Einwände können ganz verschieden ausfallen:

Es wird bestritten,

1. dass der angegebene Grund stimmt,
2. dass der angegebene Grund überhaupt relevant ist,
3. dass der angegebene Grund ausreichend ist, oder
4. dass der angegebene Grund der ausschlaggebende (entscheidende) Grund ist.

Dazu ein Beispiel:

„Jessica muss jetzt ins Bett, denn sie hat morgen Schule."

Mögliche Einwände sind:

1. Einwand: Das stimmt doch gar nicht! Jessica hat morgen schulfrei!
2. Einwand: Die Schule hat doch gar nichts mit dem Insbettgehen zu tun!
3. Einwand: Und selbst wenn es so wäre, dass Jessica morgen Schule hat, dann heißt das noch lange nicht, dass sie jetzt ins Bett muss!
4. Einwand: Das mit der Schule ist doch nur vorgeschoben und gar nicht der Hauptgrund! In Wirklichkeit soll sie ins Bett, damit ihre Eltern abends in Ruhe fernsehen können.

Alle vier Einspruchsmöglichkeiten bestehen unabhängig voneinander. Ich kann zunächst den ersten Einwand vorbringen und vom Gesprächspartner verlangen, meinen Einwand zu entkräften. Sofern der Einwand entkräftet wurde, kann ich weiterhin zusätzlich den jeweils nächsten Einwand aus der Liste vorbringen. Die Einwände Nr. 2 und Nr. 4 haben zwar große Ähnlichkeit miteinander, sind aber nicht identisch: Im zweiten Einwand wird jegliche Relevanz des Grundes für die These bestritten, im vierten Einwand wird lediglich bestritten, dass der Grund der Hauptgrund ist. Wir werden auf die Einspruchsmöglichkeiten und insbesondere auf den Beurteilungsmaßstab der Relevanz im nächsten Kapitel noch ausführlich zu sprechen kommen.

Die Einspruchsmöglichkeiten verdeutlichen, wie eine einfache Argumentation zunehmend komplexer werden kann. Wird eine gegebene Begründung angezweifelt, entsteht damit die Notwendigkeit, die Begründung ihrerseits durch weitere Gründe zu stützen. Dies macht die ursprüngliche Argumentation vielschichtiger und ist bereits der zweite Schritt auf dem Weg zunehmender Komplexität.

Der dritte Schritt auf dem Weg zunehmender Komplexität entsteht bei Argumentationen, bei denen nicht nur ein Grund vorkommt, sondern gleich mehrere Gründe berücksichtigt werden müssen. In Diskussionen über strittige Themen kommt meist eine ganze Reihe von Gründen zur Sprache. Manchmal verstärken die Gründe einander, meist sind sie voneinander unabhängig. Dazu ein Beispiel:

> „Vieles spricht dafür, in Wohngebieten mehr Tempo-30-Zonen einzurichten. Bei verlangsamter Geschwindigkeit verunglücken nachweislich weniger Kinder im Straßenverkehr. Zudem ist die Lärm- und Schadstoffbelastung für die Anwohner deutlich geringer. Auch den Autofahrern selbst käme eine Tempo-30-Regelung zugute, denn bei reduzierter Geschwindigkeit wird deutlich weniger Kraftstoff verbraucht."

In geordneter Form könnte die Argumentation so aussehen:

> *These:* Vieles spricht dafür, in Wohngebieten mehr Tempo-30-Zonen einzurichten.
>
> *Grund 1:* Bei verlangsamter Geschwindigkeit verunglücken nachweislich weniger Kinder im Straßenverkehr.
>
> *Grund 2:* Die Lärm- und Schadstoffbelastung für Anwohner ist deutlich geringer.
>
> *Grund 3:* Autofahrer sparen Kraftstoff.

Für die These werden drei Gründe genannt. Die Gründe sind unabhängig voneinander, das heißt eine Kritikerin könnte einen Grund akzeptieren, ohne zugleich die anderen akzeptieren zu müssen, und sie könnte einen Grund zurückweisen, ohne zugleich die anderen zurückweisen zu müssen. Jeder Grund ist für sich genommen eine Begründung für die These. Wenn es zur Begründung einer These prinzipiell ausreicht, dass die These durch einen Grund gestützt wird, dann gilt umgekehrt auch, dass die These erst dann als unbegründet zurückgewiesen werden kann, wenn sämtliche Gründe zurückgewiesen wurden.

Es gibt noch einen vierten Schritt auf dem Weg zunehmender Komplexität von Argumentationen: Die Gewichtung von Gründen. Wie sich bereits aus dem Einwand Nr. 4 („Der angegebene Grund ist nicht der Hauptgrund!“) andeutete, werden Gründe oftmals in Haupt- und Nebengründe eingeteilt und damit gewichtet. Dazu wieder ein Beispiel:

> „Die Erhaltung unserer natürlichen Lebensbedingungen muss unser vorrangiges Ziel sein! Es gibt Naturschützer, die dieses Ziel damit begründen, dass der Natur selbst ein eigenes Recht zukomme, vor menschlichen Eingriffen geschützt zu werden. Mit Bezug auf Traditionen und Vorstellungen indigener Naturvölker heißt es, in jedem Baum, jedem Vogel und jedem Fluss wohne eine Seele, die zu zerstören der Mensch kein Recht habe. Dies mag für manche ein ausreichender Grund sein. Für mich jedoch liegt der entscheidende Hauptgrund für den Naturschutz darin, dass wir damit unsere eigene Lebensgrundlage sichern.“

Der vierte Schritt auf dem Weg zunehmender Komplexität liegt also in der Gewichtung von mehreren Gründen. Eine zusammenfassende Übersicht über die vorgestellten vier Schritte zunehmender Komplexität bietet die nachfolgende Abbildung.

4 Schritte auf dem Weg zunehmender Komplexität

Einzelne Argumentationen werden umso komplexer ...

... je vollständiger sie werden (Komplexität durch Ergänzung unvollständiger Annahmen)

... je mehr die angeführten Gründe ihrerseits begründet werden müssen (Komplexität durch Entkräftung von Gegeneinwänden)

... je mehr Gründe angeführt werden (Komplexität durch Berücksichtigung mehrerer Gründe)

... je mehr die angeführten Gründe gewichtet werden müssen (Komplexität durch Gewichtung von Gründen)

Abbildung 3-1: Zunehmende Komplexität

Hier schließen sich sogleich mehrere interessante, aber auch schwierige Fragen an: Wie und nach welchen Maßstäben wird gewichtet? Wer legt die Maßstäbe fest? Wie lässt sich im Konfliktfall entscheiden, welche Maßstäbe gelten sollen? Diese Fragen werden uns später im Zusammenhang mit der Bewertung von Argumentationen (Kapitel 5) wieder begegnen.

5. Begründungs- und Rechtfertigungsmuster

Nach so vielen formalen Fragen über Bestandteile und Strukturen einfacher und komplexer Argumentationen soll es nun im letzten Abschnitt dieses Kapitels wieder stärker um inhaltliche Fragen gehen. Ein besonders interessantes Themenfeld bilden dabei die Argumentationstypen oder Grundmuster des Argumentierens: Die Begründungs- und Rechtfertigungsmuster.

Tipp 11: Achten Sie auf Begründungs- und Rechtfertigungsmuster. Diese Muster sind die Grundlage für jede Art von Argumentation.

Ob im Alltag oder in der Wissenschaft, in politisch-sozialen Debatten oder auf Wirtschaftskonferenzen, in einer akademischen Diskussion oder am Stammtisch – immer greifen wir bei Argumentationen quasi automatisch auf gewisse Grundmuster zur Begründung oder Rechtfertigung zurück. Wir verfügen sozusagen über einen Fundus an Grundmustern, die wir zum Ausgangsmaterial nehmen, um daraus jeweils bestimmte, für die Situation passend erscheinende Begründungen und Rechtfertigungen zu entwickeln. Auch wenn uns dies meistens gar nicht bewusst wird: Die Grundlage für jede Art von Argumentation besteht in den zugrunde liegenden Begründungs- und Rechtfertigungsmustern.

Betrachten wir dazu zunächst drei Beispiele:

Fall 1: „Trotz Ihrer Aversion gegen Spritzen sollten Sie sich unbedingt gegen Malaria impfen lassen, denn das schützt Sie gegen eine mögliche Infektion."

Fall 2: „Wir müssen den Durchmesser des Stahlträgers erhöhen, sonst bekommen wir Probleme mit der Sicherheit!"

Fall 3: „So umstritten es sein mag – wir müssen die Lohnnebenkosten senken oder zumindest konstant halten. Ein weiterer Anstieg wäre fatal für die wirtschaftliche Entwicklung unseres Landes.“

Alle drei Beispiele haben etwas gemeinsam. In allen drei Fällen geht es um die Rechtfertigung einer bestimmten Handlung: der Malaria-Impfung, der Erhöhung des Stahlträgerdurchmessers und der Senkung oder Konstanthaltung der Lohnnebenkosten. Und die Rechtfertigung beruht in allen drei Fällen darauf, dass auf die negativen Folgen hingewiesen wird, wenn die Handlung nicht durchgeführt wird:

Fall 1: Eine mögliche Infektion wäre die *Folge*, wenn keine Impfung vorgenommen wird.

Fall 2: Sicherheitsrisiken wären die *Folge*, wenn der Durchmesser des Stahlträgers nicht erhöht würde.

Fall 3: Fatale Konsequenzen für die wirtschaftliche Entwicklung unseres Landes wären die *Folge*, wenn die Lohnnebenkosten nicht gesenkt oder konstant gehalten würden.

Hinter allen drei Rechtfertigungen steckt also das gleiche Grundmuster: Problematische Handlungen können gerechtfertigt werden, indem auf die erwünschten beziehungsweise unerwünschten Handlungsfolgen hingewiesen wird.

Dieses Grundmuster kann zugleich auch dazu dienen, einen Rechtfertigungsversuch zurückzuweisen: „Sie behaupten, es hätte katastrophale Folgen für die wirtschaftliche Entwicklung, wenn die Lohnnebenkosten nicht gesenkt werden. Ich halte allerdings dagegen, dass eine Senkung der Lohnnebenkosten zum gegenwärtigen Zeitpunkt noch viel verheerendere Folgen hätte!“ Der Einwand bestreitet, dass die Reduzierung der Lohnnebenkosten die Folgen hat, die der Kontrahent in der Argumentation behauptete; mit dem Einwand bezieht sich der Kritiker jedoch ebenfalls auf das gleiche Rechtfertigungsmuster, nämlich die unerwünschten Handlungsfolgen.

In allgemeiner Formulierung ließe sich dieses Rechtfertigungsmuster etwa wie folgt beschreiben:

Rechtfertigungsmuster aus den Handlungsfolgen: Eine Handlung wird gerechtfertigt oder als ungerechtfertigt zurückgewiesen, indem man auf die erwünschten beziehungsweise unerwünschten Handlungsfolgen hinweist.

Betrachten wir ein weiteres Grundmuster:

Fall 1: „Pressefreiheit ist ein allgemeiner Wert in unserer Gesellschaft. Und das gilt auch für die Bild-Zeitung."

Fall 2: „Wenn man Gleichberechtigung für alle Frauen fordert, dann darf man auch Prostituierte davon nicht ausnehmen!"

Fall 3: „Hier ist das Grillen generell verboten, das gilt auch für Sie!"

Die Gemeinsamkeit der drei Fälle beruht in dem jeweiligen Hinweis auf einen allgemeinen Wert oder ein allgemeines Recht beziehungsweise Verbot:

Fall 1: „Pressefreiheit ist ein allgemeiner Wert für *alle* Zeitungen."

Fall 2: „Gleichberechtigung ist ein allgemeiner Wert für *alle* Frauen (und Männer)."

Fall 3: „Grillen ist hier allgemein und für *alle* verboten."

Hinter allen drei Begründungen steckt wiederum das gleiche Grundmuster: Strittige Thesen über einen Einzelfall können begründet werden, indem allgemeine Werte und Rechte beziehungsweise Verbote angeführt werden, die auch für den Einzelfall gelten.

Auch dieses Muster kann nicht nur zur Begründung, sondern auch zur Zurückweisung einer Begründung dienen: „Sie prangern den Skandaljournalismus immer wieder als unerträglich an und fordern deswegen sogar ein Verbot der Bild-Zeitung. Ich meine jedoch, der allgemeine Wert der Pressefreiheit muss für alle Zeitungen gelten, auch für die Bild-Zeitung." Hier fungiert der Verweis auf die Pressefreiheit als Begründung für den Einwand gegen die These, die Bild-Zeitung solle verboten werden.

In allgemeiner Formulierung ließe sich dieses Begründungsmuster etwa wie folgt ausdrücken:

Begründungsmuster aus der universellen Anwendung allgemeiner Werte, Rechte und Verbote: Eine These wird begründet oder als unbegründet zurückgewiesen, indem auf einen allgemeinen Wert, ein allgemeines Recht oder Verbot hingewiesen wird, das auch für den strittigen Einzelfall gilt.

Soweit zwei Beispiele. Betrachten wir nun überblicksartig eine kleine Auswahl der gebräuchlichsten Begründungs- und Rechtfertigungsmuster. Die Zusammenstellung dieser Auswahl richtet sich nach praktischen Gesichtspunkten. Es geht zunächst um ein allgemeines Verständnis dessen, was Begründungs- und Rechtfertigungsmuster überhaupt sind und in welcher Form sie vorkommen. Entscheidend ist, welche Muster tatsächlich im Alltag vorgebracht werden, und nicht, welche zu stichhaltigen Argumentationen führen. Einige der hier aufgeführten Muster geben in der Praxis gute Argumentationen ab, andere sind problematisch. Die Frage, welche Muster als problematisch anzusehen sind, wird in einem späteren Kapitel behandelt.

Rechtfertigungsmuster 1: Handlungsfolgen

„Um die Missbrauchsmöglichkeiten einzudämmen, müssen wir eine drastische Vertragsstrafe vorsehen und bessere Kontrollmöglichkeiten schaffen."

Allgemeine Formulierung: Eine Handlung wird gerechtfertigt oder als ungerechtfertigt zurückgewiesen, indem man auf die erwünschten bzw. unerwünschten Handlungsfolgen hinweist.

Rechtfertigungsmuster 2: Dammbrüche (extreme Handlungsfolgen)

„Wir müssen jetzt etwas gegen die Rechtsextremisten unternehmen. Denn wenn wir jetzt nichts dagegen tun, dann werden sie eines Tages so stark werden, dass Gegenmaßnahmen nicht mehr möglich sind."

Allgemeine Formulierung: Eine Handlung wird gerechtfertigt beziehungsweise als ungerechtfertigt zurückgewiesen, indem man darauf hinweist, dass aus der Handlung weitere Handlungen folgen werden, die zusammengenommen zu einem katastrophalen Endzustand („Dammbruch") führen.

Rechtfertigungsmuster 3: Zweck-Mittel-Relation

„Eine Mehrwertsteuererhöhung ist sicher kein gangbarer Weg, um die Kaufkraft zu erhöhen."

Allgemeine Formulierung: Eine Handlung wird gerechtfertigt beziehungsweise als ungerechtfertigt zurückgewiesen, indem darauf hingewiesen wird, dass die Handlung ein geeignetes Mittel (bzw. kein Mittel) zur Erreichung eines angestrebten Zieles ist.

Rechtfertigungsmuster 4: Das kleinere Übel wählen

„Obgleich ich mir eigentlich nicht viel davon verspreche, werde ich wohl wählen gehen, denn nicht zu wählen erscheint mir noch schlimmer.“

Allgemeine Formulierung: Eine Handlung wird gerechtfertigt, indem darauf hingewiesen wird, dass es zu der Handlung nur schlechtere oder gar keine Alternativen gibt.

Rechtfertigungsmuster 5: Sachzwang

„Das Foto ist zwar umstritten, aber wir haben keine Wahl: Wenn wir es nicht veröffentlichen, dann bringt es eine andere Zeitung.“

Allgemeine Formulierung: Eine Handlung wird gerechtfertigt beziehungsweise als ungerechtfertigt zurückgewiesen, indem man darauf hinweist, dass die Handlung eine notwendige Folge aus der realistischen Einschätzung einer Situation ist bzw. mit der realistischen Einschätzung einer Situation nicht vereinbar ist.

Rechtfertigungsmuster 6: Handlungsabsichten

„An der Rechtfertigung der USA für den Einmarsch ihrer Truppen in den Irak dürften wohl Zweifel angebracht sein. Waren es wirklich die hehren Ideale von Freiheit, Selbstbestimmung und Friedenswahrung, die sie dazu bewogen?“

Allgemeine Formulierung: Eine Handlung wird gerechtfertigt beziehungsweise als ungerechtfertigt zurückgewiesen, indem man auf die guten bzw. schlechten Absichten hinweist.

Soweit die Rechtfertigungsmuster. Kommen wir nun zu den Begründungsmustern.

Begründungsmuster 1: Allgemeine Werte, Rechte und Verbote

„Das massive Nachstellen des Pressefotografen Herrn Kunz gegenüber der Schauspielerin Frau Hinz ist nicht zulässig. Zwar ist Frau Hinz eine Person des öffentlichen Interesses, doch dies ist keine Berechtigung für jegliche Art von Belästigung. In ihrer Freizeit kommen Frau Hinz die gleichen Rechte zum Schutz der Privatsphäre zu wie jedem anderen Bürger auch.“

Allgemeine Formulierung: Eine These wird begründet oder als unbegründet zurückgewiesen, indem auf einen allgemeinen Wert, ein allgemeines Recht oder Verbot hingewiesen wird, das auch für den strittigen Einzelfall gilt.

Begründungsmuster 2: Persönliche Erfahrung

„Ich weiß, es klingt vielleicht unglaubwürdig, aber ich habe die UFOs mit eigenen Augen gesehen.“

Allgemeine Formulierung: Eine These wird begründet beziehungsweise als unbegründet zurückgewiesen, indem auf die persönliche Erfahrung verwiesen wird.

Begründungsmuster 3: Vergleiche

„Trotz vieler Befürchtungen befürworte ich die Einführung der Fahrerlaubnis mit 17, denn diese Praxis hat in anderen europäischen Ländern zu guten Ergebnissen geführt.“

Allgemeine Formulierung: Eine These wird begründet beziehungsweise als unbegründet zurückgewiesen, indem ein Vergleich mit einem Fall angestellt wird, wobei der Vergleichsfall seinerseits begründet (bzw. unbegründet) ist.

Begründungsmuster 4: Autoritäten und Experten

„Homosexualität ist eine Sünde, das wird durch die jüngste Enzyklika des Papstes bestätigt.“

Allgemeine Formulierung: Eine These wird begründet beziehungsweise als unbegründet zurückgewiesen, indem man sich auf eine Autorität beruft, die diese These ebenfalls vertritt (bzw. nicht vertritt).

Begründungsmuster 5: Definitionen

„Es ist ganz unangebracht, jede Art von Tötung auf Verlangen von vornherein als verbrecherisch zurückzuweisen, indem man auf die furchtbaren Missbräuche durch die Nazis hinweist. Schließlich bedeutet ‘Euthanasie’ ursprünglich soviel wie ‘guter Tod’.“

Allgemeine Formulierung: Eine These wird begründet beziehungsweise als unbegründet zurückgewiesen, indem man sich auf eine bestimmte Wortbedeutung beruft.

Begründungsmuster 6: Nichtbewiesenheit des Gegenteils

„Es ist doch ganz klar: Natürlich existiert Gott! Denn bisher ist es ja nicht gelungen, definitiv zu beweisen, dass er nicht existiert."

Allgemeine Formulierung: Eine These wird begründet beziehungsweise als unbegründet zurückgewiesen, indem man sich darauf beruft, dass die Gegenthese nicht bewiesen ist.

Soweit eine Zusammenstellung einiger besonders wichtiger Begründungs- und Rechtfertigungsmuster. Eine vollständige und erschöpfende Aufzählung würde sicher ein eigenes Buch füllen. Hier kann es nur darum gehen, den Blick dafür zu schärfen, wie wir alle üblicherweise Argumentieren: Wir bedienen uns bestimmter vorgegebener Begründungs- und Rechtfertigungsmuster. Diese Muster bilden die Grundstrukturen des Argumentierens. Eine Zusammenfassung bietet die folgende Übersicht.

RECHTFERTIGUNGS-MUSTER:	BEGRÜNDUNGS-MUSTER:
Handlungen werden gerechtfertigt durch:	Überzeugungen werden begründet durch:
1. Handlungsfolgen	1. Allgemeine Werte und Rechte
2. Dammbrüche	2. Persönliche Erfahrung
3. Zweck-Mittel-Relation	3. Vergleiche
4. Das kleinere Übel	4. Autoritäten und Experten
5. Sachzwang	5. Definitionen
6. Handlungsabsichten	6. Nichtbewiesenheit des Gegenteils

Abbildung 3-2: Übersicht über gebräuchliche Begründungs- und Rechtfertigungsmuster

▶ 11 praktische Tipps auf einen Blick: Argumentationsstrukturen erkennen

Tipp 1: Eine Argumentation besteht immer aus einer strittigen Behauptung (These) oder einer Aussage über eine problematische Handlung sowie einer Begründung für die These beziehungsweise einer Rechtfertigung für die Handlung.

Tipp 2: Die These ist immer die besonders strittige zentrale Behauptung einer Argumentation. Achten Sie außerdem auf Anzeigewörter für die These („also“, „daher“, „deshalb“ etc.) und Anzeigewörter für die Begründung („denn“, „weil“, „da“ etc.).

Tipp 3: Jede Art von Behauptung kann zu einer strittigen These werden. Tatsachenbehauptungen können ebenso strittig sein wie Bewertungen, Forderungen, problematische Handlungen oder Verhaltensweisen. *Jede* Behauptung *kann* strittig sein, *keine* Behauptung *muss* strittig sein.

Tipp 4: Die Begründung für eine These ergibt sich meist aus dem Kontext des Themas.

Tipp 5: Achten Sie auf hypothetische Annahmen. Ungewisse Feststellungen sollten nicht als strikte Behauptungen, sondern als hypothetische Annahmen formuliert werden.

Tipp 6: Achten Sie auf bedingte Behauptungen: Behauptungen, die nur dann vertreten werden, wenn eine gewisse Bedingung erfüllt ist. Sprachliche Anzeichen für bedingte Behauptungen sind z. B. „wenn ..., dann ...“ oder „vorausgesetzt, dass ...“.

Tipp 7: Achten Sie auf kontrafaktische Annahmen: Annahmen, die nur deswegen vertreten werden, um zu demonstrieren, dass sie falsch sind.

Tipp 8: Achten Sie auf Argumentationslücken, sowohl bei fremden als auch bei Ihren eigenen Argumentationen. Argumentationslücken sind nicht in jedem Fall ein Fehler, sie können aber eine Schwachstelle darstellen und einen Ansatz für Kritik bilden.

Tipp 9: Versuchen Sie, Argumentationslücken zu schließen, indem Sie kritische Fragen stellen, die die Lücken deutlich machen. Überlegen Sie, wie man die Argumentation ergänzen müsste, damit sie lückenlos ist. Bei vervollständigten Argumentationen lässt sich meist besser erkennen, an welcher Stelle der Argumentation die Meinungsverschiedenheit besteht.

Tipp 10: Wenn Sie nicht sicher sind, ob eine Argumentation vollständig ist, versuchen Sie folgenden Test: Stellen Sie sich vor, alles, was sie zur Verfügung hätten, wäre die Begründung – würde sich daraus die These als eine vernünftige Schlussfolgerung ergeben?

Tipp 11: Achten Sie auf Begründungs- und Rechtfertigungsmuster. Diese Muster sind die Grundlage für jede Art von Argumentation.

Kapitel 4
Andere Argumentationen richtig verstehen und wiedergeben: Regeln für den korrekten Umgang mit Argumentationen

Übersicht:

1. Verstehen und Interpretieren
2. Die Standardform
3. Interpretieren: originalgetreu und kulant
4. Formulieren: ausdrücklich, wertneutral und inhaltlich abgeschlossen
5. Gestalten: Ergänzen und Kürzen, Gliedern und Schwerpunkte setzen

► 8 praktische Regeln auf einen Blick:
Der korrekte Umgang mit Argumentationen

1. Verstehen und Interpretieren

Argumentationen sind oft schwer zu verstehen. Frau Schulze will es manchmal einfach nicht richtig gelingen, ihre Ansichten klar, knapp und prägnant zu formulieren und sie kommt vom Hundertsten ins Tausendste. Herr Schmidt möchte einen gebildeten Eindruck machen und meint, sich besonders gestelzt und verklausuliert ausdrücken zu müssen. Herr Müller hingegen argumentiert sehr konfus und stellt kaum nachvollziehbare Gedankenverbindungen her. Frau Meier wiederum möchte ihre Zuhörer gerne einwickeln und benutzt viele wohlklingende, aber nichts sagende Floskeln. Verständnisschwierigkeiten ergeben sich oft aus der Unfähigkeit oder Unwilligkeit anderer Menschen, ihre Argumentation klar und strukturiert, sprachlich verständlich und knapp auszudrücken.

Verständnisschwierigkeiten ergeben sich jedoch nicht immer daraus, dass andere etwas falsch machen. Es kann auch an einem selbst liegen.

Verstehen ist schließlich immer auch ein individueller geistiger Vorgang. Es geht darum, dass *Sie* ganz persönlich etwas verstehen oder nicht verstehen, und was Sie verstehen, hängt auch von Ihnen selbst ab. Interessieren Sie sich eigentlich für das Thema und sind Sie aufmerksam genug, der Diskussion zu folgen? Verfügen Sie über das notwendige Hintergrundwissen, und wissen Sie Bescheid über bestimmte Sachzusammenhänge? Kennen Sie die Bedeutung bestimmter Fremdwörter oder Fachausdrücke? Sind Sie dazu bereit, sich Sachkenntnisse anzueignen, Fachausdrücke nachzuschlagen oder sich anderweitig zu informieren? All dies kann notwendig sein, um eine Argumentation verstehen zu können.

Verstehen erfordert immer beides, ein Bemühen, sich verständlich zu machen, ebenso wie ein Bemühen, zu verstehen. Man muss bereit sein, die eigene Argumentation anderen Menschen möglichst klar und deutlich zu machen, und man muss ebenso interessiert und willens sein, sich auf eine argumentative Diskussion überhaupt einzulassen und anderen Gesprächsteilnehmern zuzuhören.

Es gibt kein Patentrezept für eine gelungene Kommunikation, die Kommunikation kann stets auch scheitern. Wie wir alle wissen, gibt es unendlich viele Möglichkeiten, sich misszuverstehen und aneinander vorbeizureden. Genau genommen können wir eigentlich niemals zu hundert Prozent sicher sein, unsere Gesprächspartnerin in einer Diskussion richtig verstanden zu haben. Doch wie wir ebenfalls alle wissen, sind solche Verständigungsschwierigkeiten keinesfalls immer mutwillig in Szene gesetzt. Manchmal ist das Thema oder die Streitfrage sehr kompliziert oder komplex, manchmal ist die Darstellung unübersichtlich oder konfus. Manchmal ist ein bestimmtes Hintergrundwissen erforderlich oder Sachkenntnisse, die nicht allgemein zugänglich sind, manchmal ist die Diskussion mit überflüssigen Fremdwörtern oder Fachausdrücken gespickt und damit unnötig schwer zu verstehen. Es ist deswegen keine Schande und bedeutet auch nicht unbedingt eine Schuldzuweisung festzustellen, dass man eine Argumentation nicht oder nicht ganz verstanden hat. Verstehen ist insgesamt eine recht anspruchsvolle Aufgabe. Oft hilft es schon, sich über die vielfältigen Risiken des Missverstehens stärker bewusst zu werden. Verstehen ist und bleibt ein wichtiges und zugleich immer auch gefährdetes Ziel in der Kommunikation.

Am besten versteht man eine fremde Argumentation, wenn man sie sich aneignet. Sich eine fremde Argumentation anzueignen heißt, sich mit einer sachlichen Position ernsthaft auseinanderzusetzen, so dass man möglichst in der Lage ist, sie selbst korrekt und verständlich wiederzugeben. Dazu kann es erforderlich sein, das sachliche Thema erst einmal richtig zu erfassen und den Umfang der Argumentation auszuloten, die Bedeutung aller wichtigen Wörter einschließlich der Fremdwörter und Fachausdrücke zu kennen sowie die Sachzusammenhänge zu verstehen und nach möglichen Argumentationslücken und Konsequenzen zu fragen.

Sich eine Position anzueignen, bedeutet nicht notwendigerweise, die These oder die Begründung als zutreffend zu akzeptieren. Sich etwas aneignen, heißt nicht, es sich zu eigen machen. Es bedeutet, mit der Argumentation so frei und ungezwungen umzugehen, als *könnte* es die eigene sein. Es bedeutet, die fremde andere Sichtweise ein Stück weit an sich herankommen zu lassen. Das gilt insbesondere, wenn Sie mit der anderen Position nicht übereinstimmen. Eine Position zu verstehen versuchen, heißt keineswegs, sie zu akzeptieren, sie zu verzeihen oder zu rechtfertigen, aber es heißt, sich ernsthaft darauf einzulassen und sie ernsthaft zu prüfen.

Jessicas Mutter zum Beispiel versteht ihre Tochter durchaus. Sie weiß, dass Jessica gerne länger aufbleiben möchte, will aber etwas anderes durchsetzen. Dieser Konflikt ist ein Interessenkonflikt, keine Verständnisschwierigkeit. Anders dagegen verhält es sich bei vielen Auseinandersetzungen mit politischem Extremismus, religiösem Fanatismus oder Spiritualismus. Dabei können Welten aufeinander prallen, und die Gesprächspartner sind oft nicht einmal bereit, sich überhaupt auf den Versuch einzulassen, die Gegenseite zu verstehen. Es bleibt bei zwei Welten, die sich gegenseitig nicht verständlich machen können.

Dabei ist Verstehen die Voraussetzung für eine ernsthafte Auseinandersetzung – auch und gerade mit Positionen, die den eigenen Überzeugungen zuwiderlaufen. Woher wollen Sie wissen, dass die andere Person einen Standpunkt vertritt, gegen den Sie sind, wenn Sie den Standpunkt gar nicht wirklich verstanden haben? Eine Gegenposition wirklich verstehen und ernst nehmen zu wollen, erfordert, alle Gefühle der persönlichen Feindschaft und alle Abwehrmechanismen für eine Weile zurückzustellen. Das hört sich einfacher an, als es tatsächlich oftmals ist. Wie weit Sie selbst bei dem Versuch gehen wollen, ihre Gesprächspartner zu verstehen, bleibt natürlich Ihnen überlassen.

Verstehen ist eine wichtige Grundlage für jede weitere argumentative Auseinandersetzung. Die praktische Vorgehensweise, die diese Grundlage schaffen soll, ist die Interpretation. Eine Interpretation ist der Versuch, eine Position zu verstehen. Eine Interpretation ist immer auch subjektiv: *Sie* wollen etwas verstehen. Dazu müssen Sie sich die fremde Argumentation vorläufig aneignen. Eine Interpretation sollte jedoch nicht nur subjektiv sein: Sie wollen sich schließlich nicht mit ihrer eigenen oder einer frei erfundenen Position auseinandersetzen, sondern mit derjenigen Ihres Gesprächspartners oder eines Zeitungskommentars, eines Interviews oder einer Diskussion im Rundfunk. Ihre Interpretation muss zu einem Verständnis führen, in dem sich auch Ihre Gesprächspartnerin, die Kommentatorin oder die Diskussionsteilnehmerin wiederfinden kann. Sie sollte daher verständlich sein und die Position Ihres Gesprächspartners korrekt wiedergeben. Eine Interpretation ist also nicht neutral, sie kann es gar nicht sein, und sie braucht es auch nicht zu sein. Sie ist immer ein Stück weit subjektiv, weil es *Ihre* Interpretation ist, aber auch nicht rein subjektiv, denn Sie sollten sich bemühen, die fremde Argumentation möglichst *korrekt* wiederzugeben, so dass ihr Gesprächspartner darin die eigene Position wieder erkennt.

Die Interpretation ist die Grundlage für die Analyse. Wenn Sie die fremde Argumentation interpretiert und verstanden haben, können Sie sich daran machen, sie zu prüfen und zu bewerten. Es gibt keinen Automatismus, der die Garantie böte, dass man eine fremde Argumentation korrekt interpretiert. Aber es gibt Regeln und ein paar praktische Tipps. Ein wichtiges Hilfsmittel zur korrekten Interpretation einer Argumentation ist die Darstellung der Argumentation in der Standardform.

2. Die Standardform

Jede Argumentation lässt sich in einem einfachen Schema, einer so genannten Standardform für Argumentationen, darstellen. Im Grunde genommen haben wir etwas Ähnliches bereits in früheren Abschnitten praktiziert. Die Technik soll nun etwas systematischer dargestellt werden. Die Standardform ist ein Werkzeug, um jede Art von Argumentation klar und übersichtlich darzustellen, sie ist die Form, in die die Argumentation gebracht werden soll, um verständlich und überschaubar zu sein. Zugleich ist die Standardform das Ergebnis Ihrer Interpretation. Sie können sich eine fremde Argumentation am besten aneignen und verständlich machen, indem Sie sie in die Standardform bringen.

Es gibt unterschiedliche Möglichkeiten der Darstellung. Die hier benutzte Standardform orientiert sich an dem Schema von David Wilson (1999). In der Standardform werden zunächst die Gründe alle einzeln aufgelistet und fortlaufend nummeriert. Alles, was nicht die These ist, wird wie ein Grund behandelt; es wird nicht unterschieden zwischen

Gründen, Zusatzannahmen oder Bedingungen. Ganz am Schluss, immer am unteren Ende, steht die These, abgekürzt mit „T". Die Grundstruktur sieht demnach etwa so aus:

	[1] Grund 1
gegebenenfalls:	[2] Grund 2
gegebenenfalls:	[x] weitere mögliche Gründe
	[T] strittige These

Dazu ein Beispiel:

> „Der Skandal muss umgehend und vollständig aufgeklärt werden, um die Glaubwürdigkeit des parlamentarischen Ausschusses nicht zu gefährden."

Übertragen in die Standardform könnte die Argumentation wie folgt aussehen:

> [1] Wenn der Skandal nicht umgehend und vollständig aufgeklärt wird, wird dadurch die Glaubwürdigkeit des parlamentarischen Ausschusses gefährdet.
>
> [T] Der Skandal muss umgehend und vollständig aufgeklärt werden.

Man erkennt sofort das zugrunde liegende Rechtfertigungsmuster aus den negativen Handlungsfolgen: Wenn der Skandal nicht umgehend und vollständig aufgeklärt wird, ergeben sich negative Konsequenzen. Die negative Konsequenz besteht in diesem Fall darin, dass die Glaubwürdigkeit des parlamentarischen Ausschusses gefährdet wird.

Genau genommen ist die Argumentation nicht vollständig. Es fehlt die explizite Annahme, dass die Glaubwürdigkeit des parlamentarischen Ausschusses nicht gefährdet werden soll oder nicht gefährdet werden darf:

> [1] Wenn der Skandal nicht umgehend und vollständig aufgeklärt wird, wird dadurch die Glaubwürdigkeit des parlamentarischen Ausschusses gefährdet.
>
> *[2] Die Glaubwürdigkeit des parlamentarischen Ausschusses soll (oder: darf) nicht gefährdet werden.*

[T] Der Skandal muss umgehend und vollständig aufgeklärt werden.

Die Darstellung in der Standardform macht Argumentationen übersichtlicher. Normalerweise sind Argumentationen lang, unübersichtlich, ungeordnet und sperrig – oder aber kurz, lückenhaft, ungenau und vage. In beiden Fällen kann man sie, wenn überhaupt, nur sehr schwer einer ordentlichen Prüfung unterziehen. Eine mündliche Argumentation ist außerdem flüchtig und möglicherweise schwer in allen Details zu erinnern. Eine schriftlich fixierte Argumentation in der Standardform hingegen ist immer übersichtlich und klar strukturiert. Die schematische Darstellung zeigt alle Bestandteile in einer überschaubaren Ordnung. Außerdem ist es hilfreich, wenn die Annahmen nummeriert und getrennt voneinander aufgelistet werden, so kann man sich stets eindeutig auf eine bestimmte Annahme beziehen. Auf diese Weise werden Argumentationen handhabbar und prüfbar.

In der Standardform wird eine Argumentation geordneter und stromlinienförmiger, zugleich aber auch vollständiger und detaillierter, denn es fällt leichter, Argumentationslücken zu erkennen. Die Lücken sollten dann möglichst ergänzt werden. Eine Ergänzung ist immer eine eigene Interpretation. Die Standardform schafft die Grundlage dafür.

Ein ganz wichtiger Vorteil der Standardform ist, dass sich durch diese Form der Darstellung viel besser erkennen lässt, ob ein Text überhaupt eine Argumentation darstellt oder nicht. Dazu ein Beispiel.

„Können wir es uns eigentlich noch leisten, Krankheiten, die durch Rauchen, Alkoholkonsum und falsche Ernährung entstehen, ausschließlich der Solidargemeinschaft der Krankenkasseneinzahler aufzubürden, anstatt auch die Tabak- und Zigarettenbranche, die Lebensmittelindustrie und auch die beteiligten Werbefirmen stärker an diesen Folgekosten zu beteiligen?“

Sicherlich haben wir alle ein intuitives Verständnis davon, was hier behauptet wird. Ein klares und kritisches Verständnis lässt sich jedoch erst gewinnen, wenn der Text in die Standardform gebracht wird. Als erstes stellt sich dabei die Frage, welches die These ist. Hier kommen zwei Möglichkeiten in Betracht:

[T1] Wir können es uns nicht mehr leisten, Krankheiten, die durch Rauchen, Alkoholkonsum und falsche Ernährung entstehen, ausschließlich der Solidargemeinschaft der Krankenkasseneinzahler aufzubürden.

[T2] Wir sollten auch die Tabak- und Zigarettenbranche, die Lebensmittelindustrie und auch die beteiligten Werbefirmen stärker an den Folgekosten von Krankheiten beteiligen, die durch Rauchen, Alkoholkonsum und falsche Ernährung entstehen.

Betrachten wir zunächst die erste These und eine mögliche Begründung dafür: Welche Behauptung könnte als Grund für die These 1 fungieren? Die einzige weitere Behauptung im Text ist die Behauptung der These 2:

[1] Wir sollten auch die Tabak- und Zigarettenbranche, die Lebensmittelindustrie und auch die beteiligten Werbefirmen stärker an den Folgekosten von Krankheiten beteiligen, die durch Rauchen, Alkoholkonsum und falsche Ernährung entstehen.

[T1] Wir können es uns nicht mehr leisten, Krankheiten, die durch Rauchen, Alkoholkonsum und falsche Ernährung entstehen, ausschließlich der Solidargemeinschaft der Krankenkasseneinzahler aufzubürden.

Die Behauptung [1] sagt uns jedoch nichts darüber, weshalb wir es uns nicht mehr leisten können sollten, die Kosten nicht mehr den Krankenkasseneinzahlern aufzubürden. Die Behauptung ist kein Grund zur Stützung der These 1.

Betrachten wir nun die zweite These und eine mögliche Begründung dafür: Welche Behauptung könnte als Grund für die These 2 fungieren? Die einzige weitere Behauptung im Text ist die Behauptung der These 1:

[1] Wir können es uns nicht mehr leisten, Krankheiten, die durch Rauchen, Alkoholkonsum und falsche Ernährung entstehen, ausschließlich der Solidargemeinschaft der Krankenkasseneinzahler aufzubürden.

[T2] Wir sollten auch die Tabak- und Zigarettenbranche, die Lebensmittelindustrie und auch die beteiligten Werbefirmen stärker an den Folgekosten von Krankheiten beteiligen, die durch Rauchen, Alkoholkonsum und falsche Ernährung entstehen.

Wenn es stimmt, dass wir es uns nicht mehr leisten können, die Kosten für derartige Krankheiten ausschließlich den Krankenkasseneinzahlern aufzubürden, dann wäre dies in der Tat ein guter Grund dafür, die Kosten anders zu verteilen und zum Beispiel auch die Tabak- und Zigarettenbranche, die Lebensmittelindustrie und auch Werbefirmen stärker an den Folgekosten von solchen Krankheiten zu beteiligen. Grund [1] könnte eine Begründung für die These 2 sein.

Ziehen wir an dieser Stelle einmal ein Resümee: Was hat die Darstellung in der Standardform bisher an Klärung gebracht?

1. In der ursprünglichen Formulierung wurde keine Behauptung ausgesprochen, sondern eine Frage gestellt; in der Standardform haben wir diese Frage bewusst als Behauptung interpretiert.
2. In der ursprünglichen Formulierung war von einer Alternative die Rede („Können wir..., anstatt..."); in der Standardform haben wir diese Alternative als Begründungsrelation interpretiert.
3. Wir haben die These ermittelt: Die These ist die Behauptung T2.
4. Wir haben die Begründung ermittelt: Die Begründung ist die Behauptung [1] („Wir können es uns nicht mehr leisten...").

Nach diesen Vorarbeiten könnten wir nun die Frage stellen, ob Grund [1] eine gute Begründung für die These T2 ist. (Die Bewertung von Argumentationen wird im nächsten Kapitel ausführlich behandelt.)

Die Standardform ist der Ausgangspunkt für die Argumentationsanalyse. Sie dient als Hilfestellung, um Argumentationen genauer und sicherer zu analysieren. Entscheidend ist die Anwendung, also dass Sie Übung im Umgang mit der Standardform bekommen. Durch die Standardform werden Sie dazu angehalten, ganz verschiedenartige Argumentationen in derselben Art und Weise klar und strukturiert darzustellen. Dadurch lernen Sie zugleich, die wesentlichen Bestandteile und die Struktur einer Argumentation schnell und sicher zu erkennen.

Neben all den Vorteilen muss man sich allerdings über eines im Klaren sein: Die Darstellung einer Argumentation in der Standardform kann im Einzelfall sehr zeitaufwändig und anspruchsvoll sein. Je strukturierter und klarer die Vorlage ist, desto einfacher für Sie. Ist die Argumentation jedoch unübersichtlich, unklar und schlecht formuliert, müssen Sie unter Umständen eine ganze Menge Arbeit investieren. Manchmal bleibt es Ihnen auch nicht erspart, die Aussagen selbst völlig neu zu formulieren. In einem solchen Fall kann es nötig sein, dass Sie die Argumentation auf einem eigenen Zettel ganz neu rekonstruieren. Es gibt zwar auch andere

Techniken, bei denen direkt im Originaltext mit Unterstreichungen, Nummerierungen, Einklammerungen und weiteren Zeichen gearbeitet wird. Bei komplizierteren und vor allem bei längeren Texten ist das jedoch gar nicht praktikabel – das Schriftbild wird dadurch meist allzu unübersichtlich.

Mit der Standardform ist es im Grunde genommen wie mit dem Streichen eines Zimmers. Das Zeitraubendste sind immer die Vorarbeiten: das Zusammenstellen oder Ausräumen der Möbel, das Abdecken, Abkleben und ähnliche Vorbereitungsmaßnahmen. Diese Vorarbeiten sind jedoch für ein gutes Ergebnis unerlässlich. Die Vorarbeiten für die Analyse und Bewertung einer Argumentation bestehen darin, diese in die Standardform zu bringen. Auch diese Vorarbeiten können zeitaufwändig und arbeitsintensiv sein. Doch der Aufwand lohnt sich. Sie bekommen dadurch einen Blick für klare und knappe Formulierungen und entwickeln zugleich ein inhaltliches Verständnis dafür, was an der Argumentation wesentlich ist und was nicht. Oft ist dies die beste und manchmal sogar die einzige Möglichkeit, sich eine Argumentation wirklich anzueignen und sie zu verstehen.

Die Standardform ist Ihre Interpretation. Wenn Sie einen Text in die Standardform gebracht haben, dann haben Sie ihn damit zugleich interpretiert. Beim Interpretieren eines Textes sollten Sie ein paar Regeln und Tipps beachten. Im Folgenden werden insgesamt acht Regeln für die Interpretation und den korrekten Umgang mit Argumentationen angegeben und erläutert.

Dabei sind die Regeln 1 und 2 die beiden wichtigsten allgemeinen Interpretationsregeln. Sie besagen, dass man originalgetreu und kulant interpretieren sollte und geben damit zugleich die übergeordneten Ziele für das Interpretieren an. Die Regeln 3, 4 und 5 sind Formulierungsregeln. Sie geben Empfehlungen, worauf man bei der sprachlichen Formulierung der Interpretation besonders achten sollte, nämlich dass sie explizit, wertneutral und inhaltlich abgeschlossen sein sollten. Die Regeln 6, 7 und 8 schließlich geben allgemeine Hinweise zur Gestaltung einer Argumentation. Demnach sollte eine Argumentation maßvoll ergänzt, möglichst knapp sowie möglichst einfach und übersichtlich gestaltet sein.

Um diese Regeln und Tipps wird es im Folgenden gehen. Eine erste Übersicht über die Regeln zeigt die folgende Abbildung.

8 Regeln für die Interpretation und den korrekten Umgang mit anderen Argumentationen

Interpretationsregeln:	1. Interpretieren Sie originalgetreu.
	2. Interpretieren Sie kulant.
Formulierungsregeln:	3. Formulieren Sie möglichst explizit.
	4. Formulieren Sie möglichst wertneutral.
	5. Formulieren Sie möglichst inhaltlich abgeschlossen.
Gestaltungsregeln:	6. Ergänzen Sie maßvoll.
	7. Gestalten Sie möglichst knapp.
	8. Gestalten Sie möglichst einfach und übersichtlich.

Abbildung 4-1: Interpretations-, Formulierungs- und Gestaltungsregeln

3. Interpretieren: originalgetreu und kulant

Eine Interpretation, so wurde bereits festgestellt, ist nicht neutral, sie kann es gar nicht sein, und sie braucht es auch nicht zu sein. Eine Interpretation ist immer ein Stück weit subjektiv, weil es *Ihre* Interpretation ist, aber auch nicht rein subjektiv, denn Sie sollen sich bemühen, die fremde Argumentation möglichst *korrekt* wiederzugeben, so dass ihr Gesprächspartner darin die eigene Position wieder erkennt. Sie müssen bei Ihrer Interpretation also versuchen, eine fremde Argumentation mit Ihren eigenen Darstellungsmitteln so zu rekonstruieren, dass sie sowohl angemessen und authentisch als auch möglichst verständlich und klar ist. Das hört sich nach einer fast unmöglichen, jedenfalls ziemlich komplizierten Aufgabe an. Es gibt jedoch zwei wichtige Regeln, deren Beachtung Ihnen dabei helfen kann, die richtige Balance zu finden.

Regel 1: Originalgetreu interpretieren

Der Inhalt einer fremden Argumentation, das, worum es geht, ist im Großen und Ganzen vorgegeben. Sie sind also mit Ihrer Interpretation durchaus nicht völlig frei, sondern gebunden an den Grundsatz der Originaltreue:

> **Regel 1:** Interpretieren Sie originalgetreu. Ihre Interpretation darf inhaltlich nicht allzu stark vom Original abweichen, das gilt besonders für die These. Interpretieren Sie fremde Argumentationen daher stets so, dass der Urheber der Argumentation Ihre Interpretation als Interpretation seiner eigenen Argumentation erkennen und akzeptieren kann.

Wenn Sie diese Regel verletzen, kann sich der Urheber der Argumentation über Ihre Interpretation beschweren und behaupten, das habe er doch gar nicht so gemeint. Dazu ein fiktives Beispiel.

Ein Bundesinnenminister erklärt, er sei für den Einsatz der Bundeswehr auch im Innern, zum Beispiel bei einer Sportgroßveranstaltung. Verschiedene Journalisten greifen diese Meldung auf und kommentieren sie etwa wie folgt. Da das Grundgesetz der Bundesrepublik Deutschland in Artikel 35 und 87a den Einsatz der Streitkräfte im Innern nicht ausdrücklich vorsieht und Artikel 87a Satz 2 feststellt, dass die Streitkräfte nur eingesetzt werden dürfen, soweit es das Grundgesetz ausdrücklich zulasse, müsste das Grundgesetz geändert werden, falls man einen Einsatz im Innern wolle.

Im Nu ist eine Diskussion darüber entbrannt, welche Aufgaben den Streitkräften jetzt und zukünftig zukommen sollen, welche Konflikte sich mit anderen Bundes- und Landesbehörden ergäben, welche Autorität das Grundgesetz besitze und ob man auf dem Wege zu einer Militärdiktatur sei. Der Streitkräfteminister ist aufgebracht, der Polizeiminister empört. Es wird berechnet, wie viel ein möglicher Einsatz der Streitkräfte im Innern wohl kostet, und es werden Vorschläge gemacht und Forderungen erhoben, wer die Kosten bezahlen soll. Politiker geben Interviews und Statements, Journalisten liefern Kommentare. Viele melden sich zu Wort, man spricht darüber. Blickt man nun noch einmal auf die Ausgangsthese, so stellt sich Folgendes heraus: Der Bundesinnenminister hatte lediglich erklären lassen, er lasse prüfen, ob es im Rahmen des Grundgesetzes möglich sei, Soldaten für eine Sportveranstaltung an die Bundespolizei abzuordnen.

Vielleicht ist es richtig, die Diskussion so auszuweiten. Vielleicht stellt sich wirklich die Frage, welche Folgen sich ergeben, wenn ein Einsatz der Bundeswehr im Innern prinzipiell für zulässig erklärt wird. Doch dies hat mit der ursprünglichen Ausgangsbehauptung des Ministers nicht mehr viel zu tun. Seine These lautete nicht, dass die Bundeswehr in Zukunft bei beliebigen Veranstaltungen im Innern für beliebige Aufgaben eingesetzt werden können soll, auch nicht, dass der Steuerzahler für die Einsatzkosten aufkommen soll und auch nicht, dass es richtig ist, das Grundgesetz zu ändern.

Dies ist wie gesagt ein rein fiktiver Fall... Aber ähnliche Fälle kann es durchaus auch im wirklichen Leben geben. Eine Diskussion auszuweiten und zusätzliche Thesen aufzustellen sowie zusätzliche Begründungen und Rechtfertigungen zu prüfen, ist nicht verboten. Das Prinzip der Originaltreue fordert jedoch, diese verschiedenen Argumentationen voneinander zu trennen und die ursprüngliche Argumentation als solche kenntlich zu machen und originalgetreu zu behandeln. Der Inhalt einer fremden Argumentation ist nicht beliebig.

Regel 2: Kulant interpretieren

Ihre Interpretation bestimmt einen Teil des Inhalts der Argumentation mit. Sie identifizieren die These und die Gründe, Sie ergänzen die Argumentation und füllen die Lücken aus, Sie kürzen oder streichen unwichtige Informationen, Sie gliedern und strukturieren, Sie setzen Schwerpunkte, Sie klären Fremdworte und Fachausdrücke – Sie machen die Argumentation verständlich. Dabei bestehen mehr oder weniger große Interpretationsspielräume, die Sie nutzen können. Übergeordnetes Ziel Ihrer Interpretation ist die Verständlichkeit, damit die Argumentation geprüft und beurteilt werden kann.

Regel 2: Interpretieren Sie kulant. Ihre Interpretation darf verständlicher sein als das Original. Interpretieren Sie fremde Argumentationen daher stets so, dass diese im Ergebnis gut strukturiert und übersichtlich, sprachlich möglichst klar, einigermaßen vollständig und zugleich auf das Wesentliche beschränkt sind.

Bei Ihrer Interpretation müssen Sie stets beide Regeln, die Regel 1 der Originaltreue und die Regel 2 der Kulanz, gleichermaßen beachten. Das ist nicht immer einfach. Was dazu im Einzelnen erforderlich ist, lässt sich am besten über Beispiele aufzeigen.

Im Folgenden werden zwei journalistische Texte, ein Gesprächsbeitrag aus einer Rundfunksendung und ein journalistischer Kommentar, beispielhaft interpretiert. Diese Interpretationsbeispiele sollen einen Einblick vermitteln, wie die Anwendung der beiden Regeln der Originaltreue und der Kulanz in der Praxis berücksichtigt werden können.

Beispielinterpretation 1: „Verbieten oder politisch bekämpfen?"

Das erste Beispiel ist ein Ausschnitt aus einer Runkfunkdiskussion zum Thema: „Verbieten oder politisch bekämpfen? – Die Auseinandersetzung mit rechtsextremen Ideen und Parteien" im Deutschlandfunk, Journal am Vormittag, Sendung *Kontrovers*, am 7. Februar 2005. Teilnehmer im Studio waren Elke Durak (Moderatorin), Dr. Michael Bürsch (MdB, SPD), Prof. Dr. Eckehard Jesse, Politikwissenschaftler der Universität Chemnitz, sowie Thomas Strobl (MdB, CDU).

> *Durak:* „Herr Jesse, ich will's noch mal zitieren, was Herr Stoiber gesagt hat, diesen einen Satz, über den sich nun sehr viele aufregen: 'Das ökonomische Versagen der Regierung Schröder, dieses Ausmaß an Arbeitslosigkeit, bildet den Nährboden für Extremisten, die letztlich die Perspektivlosigkeit der Menschen ausnutzen und damit die Demokratie in unserem Land gefährden.' Hat Herr Stoiber Recht, oder sehen wir hier eine parteipolitische Instrumentalisierung dieses Themas?"
>
> *Jesse:* „Frau Durak, Herr Stoiber hat Recht – und die Gegner haben auch Recht. Es ist ganz klar, dass eine hohe Arbeitslosigkeit unter Umständen Extremisten fördert. Wir haben ja nicht zufällig bei den drei Wahlen in Thüringen, Brandenburg, Sachsen Stimmen bekommen für die Opposition zum System und nicht für die Opposition im System. Modernisierungsverlierer neigen dazu, Rechtsaußen oder Linksaußen zu wählen. Das ist der eine Punkt. Aber die Gegner haben auch Recht. Die Wahl einer extremistischen Partei wie der NPD wegen hoher Arbeitslosigkeit, wegen Hartz IV, das kann natürlich nicht gutgeheißen werden. Benneter [damaliger SPD-Generalsekretär] hat Recht und Stoiber hat Recht. Wir müssen ja nach den Ursachen fragen, und ich finde es gut, wenn wir eine unaufgeregte Diskussion in Deutschland bekommen, aber bei dem Thema NPD haben wir leider kurzatmige, aktualitätssüchtige Aufgeregtheiten."

Soweit der Textausschnitt. Versuchen wir nun, den Gesprächsbeitrag von Professor Jesse zu interpretieren. Auf den ersten Blick klingt die Aussage sehr klar, verständlich und auch vernünftig. Aber wie genau lautet seine Argumentation?

Es scheint, dass er zwei Behauptungen zugleich vertritt, die sich wie folgt ausdrücken lassen:

> [T1] Eine hohe Arbeitslosigkeit fördert unter Umständen Extremisten. (Mit dieser Behauptung hat Herr Stoiber Recht.)
>
> und
>
> [T2] Eine hohe Arbeitslosigkeit sollte keine Rechtfertigung sein, eine extremistische Partei wie die NPD zu wählen. (Mit dieser Forderung haben die Gegner von Herrn Stoiber, namentlich Herr Benneter, Recht.)

Beide Behauptungen handeln von völlig verschiedenen Themen. Die erste Behauptung ist eine Tatsachenbehauptung über eine Ursache-Wirkungs-Beziehung, die zweite Behauptung ist eine bewertende Stellungnahme, nämlich die Zurückweisung eines Rechtfertigungsversuchs. Der Autor scheint zu unterstellen, dass sich beide Behauptungen als Standpunkt und Gegenstandpunkt gegenüberstehen. Demnach würde Herr Stoiber *nur* die erste, seine Gegner *nur* die zweite Behauptung vertreten. Dies ist jedoch irreführend, denn beide Behauptungen schließen sich keineswegs aus. Herr Stoiber könnte durchaus beide Behauptungen vertreten, ebenso wie Herr Benneter beide Behauptungen vertreten könnte.

Betrachten wir nun die vorgebrachten Gründe, zunächst für die erste These:

> [1] Bei den drei Wahlen in Thüringen, Brandenburg und Sachsen gab es Stimmen für die Opposition zum System und nicht für die Opposition im System. Dies geschah nicht zufällig.
>
> [2] Modernisierungsverlierer neigen dazu, Rechtsaußen oder Linksaußen zu wählen.
>
> [T1] Eine hohe Arbeitslosigkeit fördert unter Umständen Extremisten. (Mit dieser Behauptung hat Herr Stoiber Recht.)

Der erste Grund sagt etwas über das Wahlverhalten bei drei Landtagswahlen, der zweite Grund behauptet eine allgemeine Tendenz im Wahlverhalten von Modernisierungsverlierern. Diese Gründe werden vorgebracht zur Stützung der ersten These.

Nun zur zweiten These:

> [1] Die Wahl einer extremistischen Partei wie der NPD wegen hoher Arbeitslosigkeit, wegen Hartz IV, das kann natürlich nicht gutgeheißen werden.
>
> [T 2] Eine hohe Arbeitslosigkeit sollte keine Rechtfertigung sein, eine extremistische Partei wie die NPD zu wählen. (Mit dieser Forderung haben die Gegner von Herrn Stoiber, namentlich Herr Benneter, Recht.)

Die einzige Textpassage zur Begründung der zweiten These ist die zweite These selbst. Anders ausgedrückt: Es gibt im Text keine Begründung für die zweite These.

Die ursprüngliche Aussage von Professor Jesse war in einem knappen, klaren und verständlichen sprachlichen Stil formuliert. Die Übertragung in die Standardform hat nun auch die Argumentation des Gesprächsbeitrags übersichtlich herausgestellt: Wir wissen jetzt,

- dass zwei verschiedene Thesen vertreten werden;
- dass die erste These begründet wird, die zweite hingegen nicht und
- dass beide Thesen sich nicht ausschließen.

Soweit die Interpretation des ersten Beispiels.

Beispielinterpretation 2: Kommentar zum Antidiskriminierungsgesetz

Kommentar von Silvia Engels, gesendet im *Deutschlandfunk*, 4. März 2005.

> „Die ehrlichen Streiter gegen Diskriminierung und Vorurteile haben Pech gehabt. Das von Rot-Grün geplante Antidiskriminierungsgesetz unterstützt zwar genau ihre Ziele. Es will verhindern, dass Menschen wegen ihrer ethnischen Herkunft, ihres Geschlechts, ihres Alters, ihrer Religion oder ihrer sexuellen Neigung benachteiligt werden. Und doch haben Menschenrechtsförderer doppeltes Pech mit diesem Gesetzentwurf. Erstens setzt er in Verkennung der Realität zu stark auf staatliche Regulierung und behindert damit de facto das Ziel der Gleichberechtigung. Zweitens wird er schon jetzt von den Parteien lediglich als Vehikel für ihren Machtkampf missbraucht.

Worum geht es? Laut Gesetzentwurf sollen im deutschen Arbeits-, Zivil- und Sozialrecht auf Grundlage von EU-Richtlinien Diskriminierungsmöglichkeiten unterbunden werden. So soll es zum Beispiel verboten sein, einem Ausländer allein aufgrund seiner Hautfarbe eine Mietwohnung zu verweigern. Ein Unternehmer darf einen Job-Suchenden nicht allein wegen seines Alters ablehnen. Möglicherweise fördert eine solche Norm ja im Einzelfall tatsächlich ein Umdenken. Auch die geplanten Antidiskriminierungsstellen könnten individuelle Lösungen anbieten.

Doch dann geht der Entwurf zu weit. Rot-Grün plant eine Beweislastumkehr. Wenn der Benachteiligte glaubhafte Tatsachen vorbringt, die eine Diskriminierung vermuten lassen, dann muss der Vermieter oder der Arbeitgeber beweisen, dass er den Abgelehnten nicht diskriminierte. Wie soll das in der Realität aussehen? Muss ein Arbeitgeber gegenüber den 49 abgelehnten Job-Bewerbern belegen, dass sie gegenüber dem einen angenommenen Bewerber nicht diskriminiert wurden? Hier drohen Überregulierung und eine neue Hürde für Unternehmer.

Statt aber nun sachlich darüber zu diskutieren, wie die Mängel des Gesetzentwurfes beseitigt werden können, nutzen Regierung und Opposition das Thema, um sich in Wahlkampfzeiten munter ineinander zu verbeißen. Die Union wettert gegen ein neues ‘Job-Killer-Gesetz’. Die Grünen wittern die Möglichkeit, sich in Robin-Hood-Manier zu Rettern der angeblich Entrechteten aufzuschwingen. Und die kritischen SPD-Minister Schily und Clement nutzen die Gelegenheit, um den ohnehin geschwächten kleinen Koalitionspartner noch ein klein wenig mehr zu ducken. Sie haben also wirklich Pech gehabt, die ehrlichen Streiter gegen Diskriminierung, denn dieser Gesetzentwurf wird ihnen kaum helfen. Menschen, die tagtäglich an der Basis gegen Unwissenheit und Intoleranz ankämpfen, wissen schon lange, dass Gleichberechtigung nicht per Strafandrohung und Beweislastumkehr angeordnet werden kann. Sie wird nur mit Aufklärung und individueller Lösungssuche erreicht.“

Soweit der Kommentar. Versuchen wir nun, die Argumentation in die Standardform zu bringen. Wie lautet die These der Argumentation? Möglich ist, den ersten Satz als These aufzufassen:

[T] Die ehrlichen Streiter gegen Diskriminierung und Vorurteile haben Pech gehabt.

Es stellt sich jedoch die Frage, inwiefern diese These strittig ist. Die ehrlichen Streiter gegen Diskriminierung und Vorurteile haben Pech gehabt, insofern sie zur Durchsetzung ihrer Ziele einen gelungenen Gesetzesentwurf gegen Antidiskriminierung benötigen, der Gesetzesentwurf zum Antidiskriminierungsgesetz aber kein gelungener Gesetzesentwurf ist. Die zentrale Frage ist daher, inwiefern und weswegen der Gesetzesentwurf nicht gelungen ist. Die tatsächliche strittige These des Kommentars lautet also:

[T] Der Gesetzesentwurf zum Antidiskriminierungsgesetz ist kein gelungener Gesetzesentwurf.

Welche Gründe werden für diese These angegeben? Im Text ist von „doppeltem Pech" die Rede. Die Vermutung liegt nahe, dass es im Wesentlichen zwei Gründe sind. Die Gründe stecken in den letzten beiden Sätzen des ersten Absatzes:

[1] Der Gesetzesentwurf zum Antidiskriminierungsgesetz setzt in Verkennung der Realität zu stark auf staatliche Regulierung und behindert damit de facto das Ziel der Gleichberechtigung.

[2] Der Gesetzesentwurf zum Antidiskriminierungsgesetz wird schon jetzt von den Parteien lediglich als Vehikel für ihren Machtkampf missbraucht.

Der Rest des Textes liefert Begriffsklärungen und Hintergrundinformationen zum Themenbereich Verhinderung von Diskriminierung und Gesetzgebung. Dadurch werden die beiden angegebenen Gründe ergänzt, weiter erläutert und untermauert. Dem ersten Grund lassen sich folgende weitere Aussagen zuordnen:

[1] Der Gesetzesentwurf zum Antidiskriminierungsgesetz setzt in Verkennung der Realität zu stark auf staatliche Regulierung und behindert damit de facto das Ziel der Gleichberechtigung.

– der Entwurf gehe zu weit,

– Rot-Grün plane eine Beweislastumkehr, das bedeutet, wenn der Benachteiligte glaubhafte Tatsachen vorbringe, die eine Diskriminierung vermuten lassen, dann müsse der Vermieter oder der Arbeitgeber beweisen, dass er den Abgelehnten nicht diskriminierte,

– es sei fraglich, wie das in der Realität aussehen solle: Muss ein Arbeitgeber gegenüber den 49 abgelehnten Job-Bewerbern belegen, dass sie gegenüber dem einen angenommenen Bewerber nicht diskriminiert wurden?

– es drohten Überregulierung und eine neue Hürde für Unternehmer,

– Menschen, die tagtäglich an der Basis gegen Unwissenheit und Intoleranz ankämpfen, wüssten schon lange, dass Gleichberechtigung nicht per Strafandrohung und Beweislastumkehr angeordnet werden könne, sie werde nur mit Aufklärung und individueller Lösungssuche erreicht.

Diese Aussagen erläutern und illustrieren Grund [1], sie erweitern ihn allerdings nicht und sie verweisen auch nicht auf etwaigen neue Aspekte.

Dem zweiten Grund lassen sich folgende Aussagen zuordnen:

[2] Der Gesetzesentwurf zum Antidiskriminierungsgesetz wird schon jetzt von den Parteien lediglich als Vehikel für ihren Machtkampf missbraucht.

– Regierung und Opposition nutzten das Thema, um sich in Wahlkampfzeiten ineinander zu verbeißen,

– die Union wettere gegen ein neues 'Job-Killer-Gesetz',

– die Grünen witterten die Möglichkeit, sich in Robin-Hood-Manier zu Rettern der angeblich Entrechteten aufzuschwingen,

– die kritischen SPD-Minister Schily und Clement nutzten die Gelegenheit, um den ohnehin geschwächten kleinen Koalitionspartner noch mehr zu ducken.

Auch hier erläutern und illustrieren die Aussagen Grund [2], sie erweitern ihn jedoch nicht.

Aus der Interpretation ergibt sich folgendes Fazit: Wir haben die eigentliche These identifiziert (die These ist nicht der Aufhänger des Artikels!) und wir haben zwei Gründe für die These ermittelt; beide Gründe werden ihrerseits durch eine Vielzahl von Formulierungen erläutert und ausgebreitet. Für die Argumentation selbst, also für die Stützung der These, sind jedoch zunächst nur die beiden knapp formulierten Gründe [1] und [2] von Belang.

Soweit zwei Beispielinterpretationen. Vielleicht haben Sie die Aussagen des jeweiligen Textes ganz anders aufgefasst, vielleicht leuchtet Ihnen die hier vorgenommene Strukturierung nicht ein, vielleicht möchten Sie andere Schwerpunkte setzen, vielleicht möchten Sie sogar eine andere Aussage als These einsetzen. Interpretieren ist immer auch ein Stück weit subjektiv. Wichtig ist, dass Ihre Interpretation klar, transparent, möglichst übersichtlich und verständlich ist. Je klarer die Interpretation, desto eher lässt sich feststellen, um welche Streitfrage es geht und welche Aspekte dabei eine Rolle spielen.

4. Formulieren: ausdrücklich, wertneutral und inhaltlich abgeschlossen

Außer den beiden Hauptinterpretationsregeln der Originaltreue und der Kulanz gibt es verschiedene Formulierungsregeln. Die drei wichtigsten lauten: Formulieren Sie möglichst ausdrücklich, möglichst wertneutral und möglichst inhaltlich abgeschlossen.

Regel 3: Ausdrücklich formulieren

Wie bereits mehrfach deutlich wurde, wird in normalen Alltagsargumentationen üblicherweise sehr viel weggelassen. Die meisten Begründungen sind unvollständig, manchmal wird sogar die These ganz ausgespart. Viele Annahmen und Behauptungen bleiben implizit und werden nicht ausdrücklich formuliert, spielen jedoch für die Argumentation eine Rolle. Solche Annahmen und Behauptungen müssen zu allererst ans Licht der expliziten Formulierung gebracht werden:

> **Regel 3:** Formulieren Sie möglichst ausdrücklich. Jede für eine Argumentation wichtige Annahme sollte ausdrücklich (explizit) als Behauptung formuliert werden. Das gilt insbesondere auch für nicht ausgesprochene (implizite) Behauptungen und Behauptungen in Frageform oder suggestive Unterstellungen.

Regel 4: Wertneutral formulieren

Natürlich kommen in Argumentationen auch Wertungen vor. Entscheidend ist, dass sie als Wertungen klar erkennbar sind. Wertungen sind Stellungnahmen des Urhebers oder Vertreters der Argumentation. Sie sollten direkt und explizit in einer eigenen Aussage ausgedrückt werden, zum Beispiel: „der Autor stimmt der Aussage zu, dass..." oder „die

Autorin weist die Ansicht zurück, dass...". Einzelne wertende Ausdrücke hingegen haben bei der Formulierung von These oder Gründen nichts zu suchen.

Regel 4: Formulieren Sie möglichst wertneutral. Vermeiden Sie unnötige einzelne wertende Ausdrücke. Wertende Stellungnahmen sollten direkt in einer eigenen Aussage ausgedrückt werden.

Viele sprachliche Formulierungen sind wertend, auch wenn uns dies zumeist gar nicht mehr auffällt. Es können manchmal ganz feine Nuancen sein, die der reinen Sachaussage der Argumentation eine unterschwellig wertende Mitbedeutung hinzufügen. Solche unscheinbaren Wörtchen sind zum Beispiel „lediglich", „unnötigerweise", „scheinbar", „krampfhaft" oder „eigentlich". Stärker und eindeutiger wertend sind Ausdrücke wie „Geschlechtsverstümmelung" (anstelle von „Genitalzwangsbeschneidung"), „Regime" (anstelle von „Regierung"), „moskautreu" (anstelle von „regierungstreu"; es heißt schließlich auch nicht „washingtontreu"), „Terrorakte", „Folter", „freiheitlich-demokratischer Rechtsstaat" und viele Adjektive wie „menschenverachtend", „verbrecherisch" und „unverantwortlich".

Auffällig ist eine wertende Wortwahl zumeist dann, wenn damit zugleich zwei unversöhnliche politische Auffassungen oder Weltbilder verbunden sind. In der Ausdrucksweise der Polizei war zum Beispiel stets von „Gefängnis", von „Haft" und „verschärfter Einzelhaft" die Rede, in den Aussagen der *Roten Armee Fraktion* (RAF) hieß das „Knast" und „Isolationsfolter". Die Ausdrucksweise der Staatsorgane ist hier betont sachlich, nüchtern und bürokratisch, die Wortwahl der Staatsfeinde hingegen in gewollter Abgrenzung dazu betont schnoddrig herausfordernd. Beide Ausdrucksweisen sind streng genommen nicht neutral, der „normale" Sprachgebrauch tendiert hier wohl eher zur Sachlichkeit. Das ist allerdings nicht immer so. Die normale „bürgerliche" Ausdrucksweise kann auch betont wertend sein, wenn es darum geht, sich von einer geradezu unmenschlich sachlichen, und damit dem Sachgegenstand völlig unangemessenen Wortwahl zu distanzieren. Dies zeigt sich etwa im Vergleich zur Sprache der Nazis. Hier wurde aus der übersteigert-bürokratischen Bezeichnung „Endlösung der Judenfrage" völlig zu Recht die Formulierung „Vernichtung des europäischen Judentums" und aus der verschleiernden „Behandlung" oder „Sonderbehandlung" wurde die entlarvende „Ermordung". Fehlende Sachlichkeit kann also ebenso wertend sein wie unangebrachte oder überbetonte Sachlichkeit.

Regel 5: Inhaltlich abgeschlossen formulieren

Ein Diskussionsbeitrag oder Kommentar, eine politische Debatte oder ein argumentatives Statement ist ein Geflecht einzelner Aussagen, die manchmal sehr eng miteinander zusammenhängen und sich aufeinander beziehen. Das Geflecht kann sehr dicht sein. Wenn aus einem solchen Geflecht eine einzelne Aussage zur Formulierung der These oder der Gründe herausgelöst werden soll, muss diese Aussage so formuliert werden, dass sie auch für sich stehen könnte. Dazu kann es erforderlich sein, einen Teil des Kontextes zu wiederholen und in die Formulierung der These oder Begründung mit aufzunehmen.

> **Regel 5:** Formulieren Sie möglichst inhaltlich abgeschlossen. Die These und die Gründe sollten so formuliert werden, dass sie auch für sich stehen können. Notfalls muss ein Teil des Kontextes in die Formulierung mit aufgenommen werden.

Dazu ein bereits bekanntes Beispiel:

> „Und doch haben Menschenrechtsförderer doppeltes Pech mit diesem Gesetzentwurf. Erstens setzt er in Verkennung der Realität zu stark auf staatliche Regulierung und behindert damit de facto das Ziel der Gleichberechtigung. Zweitens wird er schon jetzt von den Parteien lediglich als Vehikel für ihren Machtkampf missbraucht."

Wenn wir dieses Textstück eins zu eins für die Formulierung übernehmen würden, dann wären die beiden Gründe unverständlich:

> [1] Erstens setzt er in Verkennung der Realität zu stark auf staatliche Regulierung und behindert damit de facto das Ziel der Gleichberechtigung.
>
> [2] Zweitens wird er schon jetzt von den Parteien lediglich als Vehikel für ihren Machtkampf missbraucht.

Wir wissen gar nicht, was mit dem Pronomen „er" gemeint ist. Viel besser ist die Formulierung dagegen, wenn anstelle des Pronomens ein Teil des vorangegangenen Textes wiederholt und mit aufgenommen wird:

> [1] *Der Gesetzesentwurf zum Antidiskriminierungsgesetz* setzt in Verkennung der Realität zu stark auf staatliche Regulierung und behindert damit de facto das Ziel der Gleichberechtigung.

[2] *Der Gesetzesentwurf zum Antidiskriminierungsgesetz* wird schon jetzt von den Parteien lediglich als Vehikel für ihren Machtkampf missbraucht.

5. Gestaltungsregeln: Ergänzen und Kürzen, Gliedern und Schwerpunkte setzen

Die letzten drei Regeln behandeln die Gestaltung von Argumentationen. Sie geben Empfehlungen zum Ergänzen und Kürzen, Gliedern und Schwerpunkte setzen.

Regel 6: Maßvoll ergänzen

Wie wir bereits mehrfach gesehen haben, sind die allermeisten Argumentationen unvollständig und weisen erhebliche Lücken auf. In Argumentationen wird viel weggelassen. Manchmal ist das, was weggelassen wird, für die Beurteilung erheblich und gerade der besonders strittige Teil, manchmal ist es aber auch eine Aussage, die die Urheberin der Argumentation für so selbstverständlich hält, dass sie meint, man könne sie getrost weglassen. Ob eine unvollständige Argumentation wirklich ausreichend ist, um die strittige These zu stützen, merkt man meist erst, wenn man sie vervollständigt hat. Argumentationen sollten daher immer möglichst vollständig sein. Ergänzen Sie dabei jedoch nur solche Annahmen, die für das Verständnis des jeweiligen Grundes nötig sind, fügen Sie nicht eigenmächtig zusätzliche Gründe hinzu. Das Ziel des Ergänzens ist das Verständlichmachen, nicht das Richtigstellen.

Regel 6: Ergänzen Sie Argumentationen maßvoll. Wenn Sie die Argumentation ergänzen wollen, dann darf die zusätzliche Annahme nicht einem vorhandenen Grund widersprechen und sollte höchstens so strittig sein wie die These selbst. Die zusätzliche Annahme darf außerdem nicht so stark sein, dass eine der bereits vorhandenen expliziten Annahmen dadurch überflüssig wird.

Regel 7: Knapp gestalten

Argumentationen machen oft nur einen kleinen Teil einer Diskussion, einer politischen Debatte, eines journalistischen Kommentars oder eines Interviews aus. Sie sind zumeist eingebettet in größere Diskussionszusammenhänge, die für die reine Argumentation gar nicht unbedingt relevant sind. Hinzu kommen vielfältige Nebenaspekte, Randbemerkungen, persönliche Erlebnisse, weiterführende Hinweise, illustrierende Vergleiche und weiteres. Der rein argumentative Teil einer Diskussion kann im Einzelfall vergleichsweise kurz sein, auch wenn viele Worte drumherum gemacht werden. Eine entscheidende Aufgabe ist daher das Kürzen und Schwerpunktsetzen, damit man die Argumentation überhaupt deutlich erkennen kann.

> **Regel 7:** Argumentationen sollen knapp sein. Versuchen Sie, möglichst *eine* These zu identifizieren. Stellen Sie dann die Gründe in möglichst knapper Formulierung zusammen. Kürzen Sie alle Behauptungen und Informationen, die keinen eigenständigen Grund ausmachen, sondern nur die These oder einen der Gründe mit anderen Worten wiederholen oder illustrieren, verdeutlichen oder unterstreichen.

Regel 8: Einfach und übersichtlich gestalten

Wie wir auch bereits wissen, sind Argumentationen meist viel zu komplex, um prüfbar zu sein. Für die Analyse und Beurteilung sollte eine Argumentation möglichst übersichtlich sein: *Ein* Grund soll *eine* These begründen. Wenn es einen weiteren wichtigen Grund für die These gibt, sollte man beide als separate Argumentation behandeln. Keine Angst: Diese Vorgehensweise ist weder einfältig noch trivial und das Ergebnis ist auch nicht unzulänglich oder unvollständig. Es kommen alle Gründe zur Sprache, nur eben nacheinander.

> **Regel 8:** Argumentationen sollen möglichst einfach und übersichtlich sein. Zerlegen Sie Argumentationen in möglichst überschaubare Teilstücke. Die Komplexität von Argumentationen ergibt sich von selbst über die Gruppierung der Argumentationen zu einem Argumentationskomplex.

Die hier vorgeschlagenen insgesamt acht Regeln für die Interpretation, Formulierung und Gestaltung von Argumentationen können im Einzelfall recht unterschiedlich angewendet werden. Es gibt keinen Automatismus, der in jedem Fall notwendigerweise zu einer einzig richtigen Interpretation und damit zu einer verbindlichen Formulierung in der Standardform führt. Es gibt aber mehr oder weniger gute Annäherungsversuche. Um die Anwendung der Regeln praktisch vorzuführen, soll abschließend noch einmal ein längerer Beispieltext ausführlich interpretiert werden. Der Text ist ein aktueller politischer Kommentar.

Beispielinterpretation 3:
„Sittenwidrig? Nebeneinkünfte der Abgeordneten“

Kommentar von Thomas Habicht, gesendet im RBB, *Kulturradio am Morgen*, 7. Januar 2005.

„Für seine Initiative fand Wolfgang Thierse ein positives Echo. Doch noch vor wenigen Tagen war er selbst es, der vor einer pauschalen Kritik an Nebeneinkünften der Abgeordneten warnte. Der Zwiespalt des Bundestagspräsidenten ist darin begründet, dass die Wechselbeziehung von Politik und Geld zu den populärsten Stammtischthemen zählt. Jeder neue Skandalfall legt Radikallösungen nahe, deren längerfristige Wirkung aber dem Parlamentarismus schaden kann.

Eindeutig zu beurteilen sind immerhin Bezüge von Abgeordneten, die für ihre früheren Arbeitgeber keine Leistung mehr erbringen. Volksvertreter wie der CDU-Politiker Laurenz Meyer, die FDP-Abgeordnete Ulrike Flache sowie Sozialdemokraten auf Gehaltslisten des VW-Konzerns offenbaren ein selektives Wahrnehmungsvermögen, als sie jahrelang der Frage auswichen, welche Leistung ihre ehemaligen Firmen von ihnen eigentlich für das Geld erwarten. Es ist eine Schande, dass der VW-Konzern erst jetzt seine Konzernrichtlinie ändern will, pauschale Gehaltsfortzahlungen an politische Mandatsträger zu gewährleisten. Ob es sich bei der VW-Praxis um eine sozialpolitische Großzügigkeit früherer Jahrzehnte oder den gezielten Versuch politischer Klimapflege handelte, mag dahingestellt sein. So lange keine berufliche Leistung erbracht wird, dürfen Abgeordnete auch keine Zahlung erhalten.

Das andere Extrem ist jedoch nicht weniger problematisch: Der CDU-Bundestagsabgeordnete Reinhard Göhner betätigt sich zusätzlich zu seinem Mandat als Hauptgeschäftsführer der deutschen Arbeitgeberverbände, wie auch der SPD-Parlamentarier Klaus Brandner Gehalt als hauptamtlicher Funktionär der IG-Metall bezieht. Beide Politiker verhalten sich regelgerecht: Sie veröffentlichen ihre Nebentätigkeiten, obwohl sich eigentlich die Frage stellt, welche ihrer Tätigkeiten nebenbei verrichtet wird. Als unabhängige Volksvertreter können diese Politiker nicht gelten. Sie sind Interessenvertreter. Auf Brandner und Göhner zielt die Initiative der Grünen, Einkünfte aus Parlamentstätigkeit mit anderen Einnahmen zu verrechnen. Doch unabhängig vom Finanziellen müssen offenkundige Interessenverfilzungen unterbunden werden.

Die von Thierse angedachte Regel-Überprüfung wird dabei zur Gratwanderung. Der Durchschnittsparlamentarier lebt nämlich überwiegend von seinen eher mittelmäßigen Abgeordnetendiäten. Im Gegensatz zum Rest der Arbeitnehmer profitiert er nicht vom perfektionierten Kündigungsschutzgesetz. Alle vier Jahre muss er sich vielmehr um Vertragsverlängerung bemühen, beim Wähler, aber vor allem in ziemlich würdelosen Verfahren bei seiner Partei. Je mehr sich nun der Durchschnittsparlamentarier vom angestammten Beruf entfremdet, desto stärker wird er zum Berufsfunktionär, der vom Jugendverband bis zur Pension von der Partei abhängig ist – materiell und vor allem geistig. Genau diesen Funktionärstyp will Volkes Stimme aber auch nicht. Parlamente würden dann nur noch aus Beamten mit garantiertem Rückkehrrecht bestehen. Es stärkt die Unabhängigkeit unserer Volksvertreter, wenn sie beruflich außerhalb des Parlaments verankert bleiben. Das schützt sie auch vor Betriebsblindheit. Die vielfältige Herkunft unserer Abgeordneten zu erhalten wird nur möglich sein, wenn Parlamentarier weiter dem richtigen Arbeitsleben verbunden bleiben dürfen.

Bundestagspräsident Thierse hat also keine Chance, zum Publikumsliebling zu werden. Den Einen werden neue Regeln nicht weit genug gehen und den Anderen viel zu weit. Politikereinkünfte bleiben immer so unpopulär wie Rundfunkgebühren. Aber Thierse würde dem Parlamentarismus einen Dienst erweisen, wenn er die offensichtlichen Fälle von Fremdsteuerung und Lobbyismus bekämpft.“

Soweit der Kommentar. Es ist nicht eindeutig klar, welche These der Autor vertritt. Mögliche Thesen des Kommentars sind:

[T1]: Die Initiative von Parlamentspräsident Thierse, die Nebeneinkünfte von Parlamentariern einer Regel-Überprüfung zu unterziehen, wird notwendig umstritten bleiben.

[T2]: Abgeordnete dürfen keine Zahlung von ihren früheren Arbeitgebern erhalten, wenn sie keine berufliche Leistung dafür erbringen.

[T3]: Abgeordnete, die sich zusätzlich als Interessenvertreter betätigen, laufen Gefahr, in Interessenkonflikte zu geraten und ihre Unabhängigkeit als Parlamentarier einzubüßen.

[T4]: Trotz aller Gefahren von ungerechtfertigten Nebeneinkünften und Interessenverflechtungen ist es wünschenswert, dass Parlamentarier weiterhin in regulären Berufen tätig sind.

Welche dieser vier möglichen Thesen soll nun als Ausgangspunkt unserer Interpretation gewählt werden? Die These [T1] ist interessant, aber vermutlich kaum strittig. Die Behauptung ist der Aufhänger des Kommentars, der Interesse wecken soll. Noch weniger strittig sind vermutlich die Behauptungen [T2] und [T3]. Es bleibt als einzige wirklich streitbare Behauptung die These [T4]. Wir entscheiden uns, diese Behauptung als These der Argumentation auszuwählen:

[T]: Trotz aller Gefahren von ungerechtfertigten Nebeneinkünften und Interessenverflechtungen ist es wünschenswert, dass Parlamentarier weiterhin in regulären Berufen tätig sind.

Welche möglichen Gründe werden für die These im Text genannt? Die Gründe finden sich im letzten Textabschnitt:

Originaltext:	**Interpretation:**
(Anmerkung: Die Streichungen im Text kennzeichnen wertende oder für die Argumentation überflüssige Formulierungen.)	Es gibt mehrere Gründe dafür, dass Parlamentarier Nebeneinkünfte aus beruflichen Nebentätigkeiten erhalten dürfen:
Der Durchschnittsparlamentarier lebt ~~nämlich~~ überwiegend von seinen ~~eher mittelmäßigen~~ Abgeordnetendiäten. Im Gegensatz zum Rest der Arbeitnehmer profitiert er nicht vom ~~perfektionierten~~ Kündigungsschutzgesetz. Alle vier Jahre muss er sich ~~vielmehr~~ um Vertragsverlän-	[1] Nur wenn Parlamentarier dem Arbeitsleben verbunden bleiben, bleibt eine vielfältige Herkunft erhalten. [2] Die vielfältige Herkunft der Parlamentarier ist eine notwendige Voraussetzung dafür, ihre Unabhängigkeit zu stärken

gerung bemühen, beim Wähler, aber vor allem ~~in ziemlich würdelosen Verfahren~~ bei seiner Partei. Je mehr sich ~~nun~~ der Durchschnittsparlamentarier vom angestammten Beruf entfremdet, desto stärker wird er zum Berufsfunktionär, der ~~vom Jugendverband bis zur Pension~~ von der Partei abhängig ist – materiell und vor allem geistig. ~~Genau diesen~~ Funktionärstyp ~~will Volkes Stimme aber auch nicht. Parlamente würden dann nur noch aus Beamten mit garantiertem Rückkehrrecht bestehen.~~ Es stärkt die Unabhängigkeit unserer Volksvertreter, wenn sie beruflich außerhalb des Parlaments verankert bleiben. Das schützt sie auch vor Betriebsblindheit. Die vielfältige Herkunft unserer Abgeordneten zu erhalten wird nur möglich sein, wenn Parlamentarier weiter dem richtigen Arbeitsleben verbunden bleiben dürfen.

und sie vor Betriebsblindheit zu schützen.

Als Begründung für den ersten Grund wird genannt:

[1*] Der Durchschnittsparlamentarier, der nicht dem Arbeitsleben verbunden bleibt, läuft Gefahr, zum Berufsfunktionär zu werden.

Als Begründung hierfür wird genannt:

[1**] Der Durchschnittsparlamentarier lebt überwiegend von seinen Abgeordnetendiäten.

[2**] Der Durchschnittsparlamentarier genießt keinen erhöhten Kündigungsschutz, sein Arbeitsvertrag ist auf 4 Jahre befristetet, und er ist dabei stark von der Wählergunst und der Partei abhängig.

Bringen wir nun noch die Interpretation in die Standardform.

Darstellung der Argumentation „Sittenwidrig? Nebeneinkünfte von Abgeordneten“ in der Standardform:

[1] Nur wenn Parlamentarier dem Arbeitsleben verbunden bleiben, bleibt eine vielfältige Herkunft erhalten.

Begründung: [1*] Der Durchschnittsparlamentarier, der nicht dem Arbeitsleben verbunden bleibt, läuft Gefahr, zum Berufsfunktionär zu werden.

Begründung: [1**] Der Durchschnittsparlamentarier lebt überwiegend von seinen Abgeordnetendiäten.
[2**] Der Durchschnittsparlamentarier genießt keinen erhöhten Kündigungsschutz, sein Arbeitsvertrag ist auf 4 Jahre befristetet, und er ist dabei stark von der Wählergunst und der Partei abhängig.

[2] Die vielfältige Herkunft der Parlamentarier ist eine notwendige Voraussetzung dafür, ihre Unabhängigkeit zu stärken und sie vor Betriebsblindheit zu schützen.

[3] (*implizit*:) Unabhängigkeit und der Schutz vor Betriebsblindheit wiegen die Gefahren ungerechtfertigter Nebeneinkünfte und Interessenverflechtungen auf.

[T] Trotz aller Gefahren von ungerechtfertigten Nebeneinkünften und Interessenverflechtungen ist es wünschenswert, dass Parlamentarier weiterhin in regulären Berufen tätig sind.

Soweit eine mögliche Interpretation des Textes. Die Interpretation ist sehr knapp ausgefallen. Natürlich sagt der Text viel mehr. Ziel der Interpretation ist es jedoch, sich voll und ganz auf die Argumentation zu konzentrieren und diese möglichst deutlich und knapp herauszustellen. Für die Argumentation ist es nur relevant, welche Gründe für welche These angeführt werden.

► 8 praktische Regeln auf einen Blick: Der korrekte Umgang mit Argumentationen

Regel 1: Interpretieren Sie originalgetreu. Ihre Interpretation darf inhaltlich nicht allzu stark vom Original abweichen, das gilt besonders für die These. Interpretieren Sie fremde Argumentationen daher stets so, dass der

Urheber der Argumentation Ihre Interpretation als Interpretation seiner eigenen Argumentation erkennen und akzeptieren kann.

Regel 2: Interpretieren Sie kulant. Ihre Interpretation darf verständlicher sein als das Original. Interpretieren Sie fremde Argumentationen daher stets so, dass diese im Ergebnis gut strukturiert und übersichtlich, sprachlich möglichst klar, einigermaßen vollständig und zugleich auf das Wesentliche beschränkt sind.

Regel 3: Formulieren Sie möglichst ausdrücklich. Jede für eine Argumentation wichtige Annahme sollte ausdrücklich (explizit) als Behauptung formuliert werden. Das gilt insbesondere auch für nicht ausgesprochene (implizite) Behauptungen und Behauptungen in Frageform oder suggestive Unterstellungen.

Regel 4: Formulieren Sie möglichst wertneutral. Vermeiden Sie unnötige einzelne wertende Ausdrücke. Wertende Stellungnahmen sollten direkt in einer eigenen Aussage ausgedrückt werden.

Regel 5: Formulieren Sie möglichst inhaltlich abgeschlossen. Die These und die Gründe sollten so formuliert werden, dass sie auch für sich stehen können. Notfalls muss ein Teil des Kontextes in die Formulierung mit aufgenommen werden.

Regel 6: Ergänzen Sie Argumentationen maßvoll. Wenn Sie die Argumentation ergänzen wollen, dann darf die zusätzliche Annahme nicht einem vorhandenen Grund widersprechen und sollte höchstens so strittig sein wie die These selbst. Die zusätzliche Annahme darf außerdem nicht so stark sein, dass eine der bereits vorhandenen expliziten Annahmen dadurch überflüssig wird.

Regel 7: Argumentationen sollen knapp sein. Versuchen Sie, möglichst *eine* These zu identifizieren. Stellen Sie dann die Gründe in möglichst knapper Formulierung zusammen. Kürzen Sie alle Behauptungen und Informationen, die keinen eigenständigen Grund ausmachen, sondern nur die These oder einen der Gründe mit anderen Worten wiederholen oder illustrieren, verdeutlichen oder unterstreichen.

Regel 8: Argumentationen sollen möglichst einfach und übersichtlich sein. Zerlegen Sie Argumentationen in möglichst überschaubare Teilstücke. Die Komplexität von Argumentationen ergibt sich von selbst über die Gruppierung der Argumentationen zu einem Argumentationskomplex.

Kapitel 5
Argumentationen prüfen und bewerten: Gute und schlechte Argumentationen

Übersicht:

1. Wozu Bewertungsmaßstäbe?
2. Universelle Bewertungsmaßstäbe
3. Relevanz in einfachen und komplexen Argumentationen
4. Ausgewogenheit und Begründungslastverteilung
5. Gute und schlechte Argumentationen

► 8 praktische Tipps auf einen Blick: Argumentationen beurteilen

1. Wozu Bewertungsmaßstäbe?

Argumentationen sollen strittige Thesen akzeptabel machen. Bei Menschen, die einer These bisher nicht zugestimmt haben, soll ein Denkvorgang ausgelöst und angeleitet werden, an dessen Ende sie ihre vorherige Ansicht nötigenfalls revidieren.

Aber ist das überhaupt realistisch? Aus der Alltagserfahrung und aus der individualpsychologischen Forschung wissen wir, dass viele Menschen gar nicht oder nur in geringem Maße dazu bereit sind, ihre Ansichten zu ändern. Man mag dies als Zeichen von Hartnäckigkeit und Konsequenz ansehen oder als Starrsinnigkeit und Verstocktheit deuten, es bleibt wohl eine psychologische Tatsache. Hinzu kommt, dass Ansichten und Überzeugungen oftmals mit konkreten Eigeninteressen und nicht zuletzt auch mit Besitzstandswahrung zusammenhängen. Auch dies kann die Bereitschaft zu Einsicht, Revision und Umdenken merklich behindern.

Welche Art von Einsicht könnte Menschen überhaupt dazu bringen, ihre Ansichten zu ändern?

Bei einer Diskussion oder Debatte besteht erfahrungsgemäß eher geringe Aussicht darauf, auf die Ansichten und Überzeugungen des Gesprächspartners entscheidenden Einfluss nehmen zu können. Die Diskussion ermöglicht zwar, verschiedene Standpunkte zu einem Thema kennen zu lernen und nachzuvollziehen. Dennoch werden zumindest in öffentlichen Diskussionen kaum jemals große Überzeugungsänderungsabläufe in Gang gesetzt. Woran könnte das liegen? Abgesehen von den allzu menschlichen Störgründen, wie zum Beispiel dem persönlichen Macht- und Profilierungsstreben des Redners, besteht der Hauptgrund darin, dass das Ziel einer Diskussion meist darin gesehen wird, den eigenen Standpunkt zu verteidigen. Es geht also gar nicht um Erkenntnis und Wahrheit, sondern darum, Recht zu behalten. Dies ist ein wichtiger Grund dafür, weshalb es in Diskussionen so selten dazu kommt, dass die Beteiligten ihre Ansichten ändern.

Es gibt jedoch auch noch zwei weitere, vielleicht sogar entscheidendere Gründe dafür, warum Diskussionen oft wirkungslos verpuffen: Erstens ist der Diskussionskontext oft diffus und zweitens fehlen klare Bewertungsmaßstäbe.

Wie wir bereits mehrfach gesehen haben, besteht die Hauptschwierigkeit bei Diskussionen meist darin, die Streitfrage sinnvoll einzugrenzen und nicht ausufern zu lassen. Viele Diskussionen werden als Marktplatz angesehen, wo sich möglichst viele Gesichtspunkte zu einem ganzen Bündel von Themen tummeln sollen. Das ist abwechslungsreich und bunt, aber auch unübersichtlich und schwer zu prüfen. Genaue Vorgaben dafür, welche einzelne Streitfrage überhaupt zur Diskussion steht, also worum es im engeren und im weiteren Sinne geht, gibt es eher selten. Dementsprechend können die Diskussionsteilnehmer auch ein sehr unterschiedliches subjektives Verständnis davon haben, was überhaupt die strittige These ist und welche Gründe dafür relevant sein können.

Hinzu kommt das Fehlen klarer Maßstäbe dafür, ob und unter welchen Umständen eine Begründung akzeptiert beziehungsweise zurückgewiesen werden muss. Welches sind die Bewertungsmaßstäbe dafür, wann eine Argumentation akzeptabel ist und wann nicht? Es heißt zwar, eine Argumentation müsse „plausibel", „einleuchtend" oder „evident" sein, sie solle möglichst „schlüssig", „logisch", „stichhaltig", „konsequent" oder „folgerichtig" sein, sie habe ein Ergebnis „eindeutig erwiesen" oder sei genauso

„eindeutig widerlegt". Das klingt gut. Leider ist oftmals völlig unklar, was damit eigentlich genau gemeint sein soll.

Hier wird besonders deutlich, worin sich die beiden im ersten Kapitel behandelten Argumentationsformen, die Diskussion und das Beweisverfahren, voneinander unterscheiden. Bei der zweiten Argumentationsform, dem Beweisverfahren, sind eigene Verfahrensordnungen, Standards und Bewertungsmaßstäbe entwickelt worden, die es erlauben, das Ergebnis eines Beweisverfahrens zu bewerten und zu beurteilen. Im Gerichtsprozess, in der wissenschaftlichen Forschung und in Mathematik und Logik gelten mehr oder weniger klare Regeln dafür, ob und unter welchen Umständen eine Beweisführung akzeptiert beziehungsweise zurückgewiesen werden muss. Dies führt zwar auch nicht immer zu absolut wasserdichten, allseits akzeptierten Ergebnissen, grenzt die Spielräume zulässiger Bewertungen jedoch erheblich ein.

Bei der ersten Argumentationsform, der Diskussion, ist das jedoch ganz und gar nicht so. Hier geht es um ein ungefähres Abwägen von Pro- und Contra-Argumenten nach Daumenpeilung mit riesigen Ermessensspielräumen. Dementsprechend gibt es häufig auch keine definitiven Ergebnisse. Es kann dann nur darum gehen, ob man tendenziell eher der einen oder der anderen Seite im Meinungsstreit zuneigt. Unter solchen Umständen ist es kein Wunder, wenn Menschen sich nicht dazu motiviert sehen, ihre Ansichten zu ändern.

Leider sind die entwickelten Standards für Beweisverfahren nur in ganz seltenen Fällen auf andere Bereiche übertragbar. Das ändert jedoch nichts an der Einsicht, dass man klare und eindeutige Bewertungsmaßstäbe dafür braucht, um zu entscheiden, wann eine Begründung akzeptabel ist und wann nicht. Das Bedürfnis nach klaren und praktikablen Bewertungsmaßstäben ist also vorhanden. Die entscheidende Frage lautet deswegen: Gibt es universelle, für alle Arten von Argumentationen geltende Beurteilungskriterien?

2. Universelle Bewertungsmaßstäbe

Welche universellen Bewertungsmaßstäbe müssen Argumentationen erfüllen, um akzeptabel zu sein? Eine Schlüssel zur Beantwortung dieser Frage ergibt sich, wenn man sich vor Augen führt, was man tut, wenn man eine These zu begründen versucht. Bei einer Begründung versucht man, eine strittige These auf bereits akzeptierte oder zumindest weniger strittige Voraussetzungen, die Gründe, zurückzuführen. Dabei wird eine strittige These in einen ganz bestimmten Zusammenhang zu genau solchen Gründen gebracht, die bereits akzeptabel sind. Dieser Zusammenhang stiftet dann eine Art Band zwischen Gründen und These, und dies führt dazu, dass es nicht möglich ist, die Gründe zu akzeptieren, zugleich aber die These zurückzuweisen: Entweder man akzeptiert die Gründe – dann muss man auch die These akzeptieren, oder man weist die These zurück – dann muss man auch die Gründe zurückweisen.

Ein solcher Begründungsversuch kann erfolgreich sein und er kann scheitern. Um erfolgreich zu sein, muss die Begründung fünf Bedingungen erfüllen:

1. Die Begründung muss *widerspruchsfrei* sein, das heißt es darf darin kein Widerspruch vorkommen,
2. die Begründung muss *zirkelfrei* sein, das heißt es darf darin nicht die These selbst vorkommen,
3. die Begründung muss *relevant* sein, das heißt die Gründe müssen für die These einschlägig sein,
4. die Begründung muss *ausreichend* sein, das heißt die Gründe dürfen nicht schwächer sein als die These und
5. die Gründe einer Begründung müssen selbst *richtig* oder *gerechtfertigt*, also akzeptabel sein.

Erst wenn eine Begründung alle fünf Bedingungen erfüllt, ist sie akzeptabel, man spricht dann fachsprachlich auch von „stichhaltig".

Die Bewertungsmaßstäbe geben zugleich an, welche Kritik- und Einspruchsmöglichkeiten gegenüber einer Argumentation bestehen. Man kann eine angegebene Begründung auf fünffache Weise kritisieren: Man kann der Begründung vorwerfen, sie sei widersprüchlich, sie sei zirkulär, sie sei irrelevant, sie sei nicht stark genug oder die darin angeführten Behauptungen seien falsch oder ungerechtfertigt. Um eine genauere Vorstellung zu bekommen, wie eine Anwendung der Bewertungsmaßstäbe konkret aussieht und welche Anforderungen damit verbunden sind, wollen wir uns im Folgenden einmal ansehen, wann Argumentationen gegen die Begründungsmaßstäbe verstoßen.

Eine Übersicht über die Bewertungsmaßstäbe gibt die folgende Abbildung.

Universelle Bewertungsmaßstäbe

1. WIDERSPRUCHSFREIHEIT:
   Steckt in der Begründung ein Widerspruch?

2. ZIRKELFREIHEIT:
   Wird in der Begründung die These selbst verwendet?

3. RELEVANZ:
   Sind die Gründe für die These einschlägig?

4. AUSREICHENDE STÄRKE:
   Sind die Gründe zur Begründung ausreichend stark?

5. ZUTREFFENDE GRÜNDE:
   Sind die Gründe selbst richtig oder gerechtfertigt?

Abbildung 5-1: Universelle Bewertungsmaßstäbe

1. Widersprüchliche Begründungen

Erläuterung: Eine Begründung ist widersprüchlich, wenn darin eine Behauptung und zugleich das direkte Gegenteil der Behauptung vertreten wird.

Beispiel: „Trotz Ihrer Bedenken sollten Sie sich gegen Malaria impfen lassen, denn das schützt Sie gegen eine mögliche Infektion. Malaria ist eine sehr verbreitete Tropenkrankheit, jedoch hauptsächlich in den südlichen Regionen dieser Erde anzutreffen. Die Malaria hat sich in den letzten Jahren enorm ausgebreitet. Leider schützt auch eine Impfung nicht gegen Malaria."

Tipp 1: Achten Sie auf Widerspruchsfreiheit. Eine Begründung darf keinen Widerspruch, also eine Behauptung und zugleich die Gegenbehauptung, enthalten.

Beurteilung: Man erkennt sofort den Widerspruch: Zu Anfang heißt es, eine Malaria-Impfung schütze gegen eine Infektion, und am Ende heißt es, eine Impfung schütze nicht gegen eine Infektion. Die Begründung ist widersprüchlich und daher nicht stichhaltig.

2. Zirkuläre Begründungen

Erläuterung: Eine Begründung ist zirkulär, wenn darin an irgendeiner Stelle die strittige These selbst vorkommt.

Beispiel: „Ich habe mich leider verspätet, aber ich kann meine Verspätung rechtfertigen: Ich habe mich nämlich nur deswegen verspätet, weil ich nicht rechtzeitig bin.“ Oder: „Die Lohnnebenkosten müssen unbedingt gesenkt werden. Die Begründung hierfür ist denkbar einfach und sollte jeden, der die Sache unvoreingenommen betrachtet, sofort überzeugen. Der Grund besteht schlicht und einfach darin, dass die Lohnnebenkosten in diesen wirtschaftlich schweren Zeiten weder gleich bleiben noch steigen dürfen!“

Tipp 2: Achten Sie auf Zirkelfreiheit. In einer Begründung für eine These darf die strittige These nicht auftauchen.

Beurteilung: Das, was eigentlich begründet oder gerechtfertigt werden sollte, taucht in der Begründung selbst in anderer Formulierung wieder auf. Die Begründung ist zirkulär und daher nicht stichhaltig.

Beide Fehler, sowohl der Fehler der Widersprüchlichkeit als auch der Fehler der Zirkularität, sind formale Fehler. Man kann sie normalerweise relativ schnell erkennen, und sie aufzuspüren erfordert gewöhnlich keine besonderen inhaltlichen Sachkenntnisse. Beide Fehler passieren eigentlich eher selten. Wenn überhaupt, findet man sie am ehesten in besonders langen und unübersichtlichen oder konfusen Reden und Diskussionen. Wenn man die Möglichkeit hat, die Argumentation in der Standardform darzustellen, lassen sich Widersprüche und zirkuläre Begründungen oft bereits frühzeitig ermitteln.

3. Irrelevante Begründungen

Erläuterung: Eine Begründung ist irrelevant, wenn darin solche Gründe vorkommen, die mit der These rein gar nichts zu tun haben oder die für die These jedenfalls nicht einschlägig sind.

Beispiel: In der Notaufnahme eines Krankenhauses in der damaligen DDR warten mehrere Patienten. Die Behandlung eines Kindes wird wegen akuter medizinischer Gefahr vorgezogen. Daraufhin protestiert ein Patient, Herr P.: „Ich verlange, sofort behandelt zu werden, immerhin bin ich Verfolgter des Naziregimes und Widerstandskämpfer!“

Beurteilung: Entscheidend für die Frage, wer zuerst medizinisch behandelt werden sollte, ist allein die akute medizinische Notlage, nicht irgendein sonstiges politisches oder soziales Verdienst. Daher ist der Verweis von Herrn P. darauf, dass er ein Verfolgter des Naziregimes und Widerstandskämpfer ist, für die Frage, ob er sofort behandelt werden sollte, ohne Belang. Die Begründung ist irrelevant und daher nicht stichhaltig. Wir werden auf diesen Fall später noch einmal zurückkommen.

Der Beurteilungsmaßstab der Relevanz ist nicht immer eindeutig und auch nicht immer unstrittig. In einigen Fällen kann es durchaus Meinungsverschiedenheiten darüber geben, was für die Begründung einer These relevant ist und was nicht. Es gibt zum Beispiel bestimmte Gleichstellungsrechte, die besagen, dass es bei der Vergabe von Arbeitsplätzen keine Rolle spielen darf, welches Geschlecht der Bewerber oder die Bewerberin hat oder ob der- oder diejenige raucht. Geschlecht und Rauchergewohnheiten wären demnach irrelevant. Andererseits erwartet man von Mitarbeiterinnen und Mitarbeitern der Weltgesundheitsorganisation WHO seit kurzem eine Selbstverpflichtung zum absoluten Nichtrauchen, und zwar nicht nur während, sondern auch außerhalb der Arbeitszeit. Rauchen kann als Nichteinstellungs- oder Kündigungsgrund gelten. Vollständiges Nichtrauchen ist bei der WHO für die Arbeitsplatzvergabe direkt relevant, während es ansonsten vielfach als irrelevant eingestuft wird. Fragen der Relevanz können also durchaus zu inhaltlichen Streitfragen werden, mit denen sich dann auch die Gerichte beschäftigen.

> **Tipp 3:** Achten Sie auf Relevanz. Die in einer Begründung angeführten Gründe müssen für die These einschlägig sein. Achtung! Ob eine vorgeschlagene Begründung für eine These relevant ist, ist nicht immer eindeutig und unstrittig festgelegt.

Es gibt noch eine zweite Form von Relevanz. Wer bei komplexen Argumentationen nach der Relevanz eines angegebenen Grundes fragt, bringt den Grund in Zusammenhang mit weiteren möglichen Gründen und fragt nach einer Gewichtung. Relevanz beziehungsweise Irrelevanz als Gewichtung eines Grundes relativ zu anderen Gründen kommt in Diskussionen oft vor und spielt eine erhebliche Rolle. Wir werden darauf später noch einmal zurückkommen.

4. Nicht ausreichend starke Begründungen

Erläuterung: Eine Begründung ist nicht ausreichend stark, wenn die darin angeführten Gründe schwächer sind als die These und die These daher nicht ausreichend stützen können.

Starke Thesen sind immer sehr allgemeine und weitreichende Behauptungen, und zwar sowohl im Positiven wie auch im Negativen. Das können Behauptungen über Personen sein: „Herr Müller hat immer Recht" („Herr Meier hat immer Unrecht"), „Frau Schulze hat sich noch nie geirrt" („Herr Schmidt bekommt immer alles durcheinander"). Es können auch Behauptungen über Zustände oder Ereignisse sein: „Das gilt absolut, unbedingt, ohne Ausnahme" („Kommt nicht in Frage, völlig ausgeschlossen!"), „Das wird für immer und ewig so weitergehen" („Das ist ja noch nie vorgekommen"), „Dazu gibt es keine Alternative" („Das gibt es doch gar nicht!"). Derart starke Thesen fordern immer zum Misstrauen heraus. Wenn eine These sehr stark ist, dann muss auch die Begründung für die These sehr stark sein.

Tipp 4: Achten Sie darauf, ob die Begründung ausreichend stark ist: Wird eine sehr allgemeine, weitreichende These aufgestellt dann muss die Begründung ebenso allgemein und weitreichend sein.

Beispiel 1: „Alle Deutschen sind Spießer, das ist doch wohl klar, denn meine Eltern sind welche und die Eltern meiner Freundin auch."

Beurteilung: Selbst wenn es stimmen würde, dass vier deutsche Menschen Spießer wären, reicht dies nicht aus zur Stützung der allgemeinen Behauptung, alle 80 Millionen Deutschen seien Spießer.

Beispiel 2: „Um den Schweißgeruch zu vermindern ist die neueste Funktionswäsche für Sportler mit antibakteriellen Desinfektionsmitteln versetzt. Die ständige und zunehmende Präsenz derartiger Desinfektionsmittel birgt jedoch die Gefahr einer verstärkten Resistenzbildung bei den Bakterien. In der Folge würde sich die Wirksamkeit der Desinfektionsmittel im medizinischen Einsatz mehr und mehr vermindern. Dieser Preis für unsere Gesundheit ist eindeutig zu hoch! Daher: Zurück zur Baumwolle, Schluss mit der Funktionswäsche!"

Beurteilung: In der Begründung ist nur von der Gefahr einer verstärkten Resistenz die Rede, der Effekt scheint nicht konkret nachgewiesen zu sein. Dann aber ist die Begründung zu schwach, um antibakterielle Funktionswäsche generell zu verdammen. Die Begründung ist nicht ausreichend stark und daher nicht stichhaltig.

5. Falsche oder ungerechtfertigte Gründe

Erläuterung: Die Gründe einer Begründung sind falsch oder ungerechtfertigt, wenn Tatsachenaussagen falsch sind oder Forderungen, Empfehlungen, Wertungen oder Normen ungerechtfertigt sind.

Beispiel: „Die Zucht und Verbreitung von Kampfhunden sollte in Deutschland generell verboten werden, denn die meisten Beißvorfälle passieren hierzulande mit Kampfhunden."

Beurteilung: Wenn es so wäre, dass die meisten Beißvorfälle hierzulande tatsächlich mit Kampfhunden passieren würden, dann wäre dies ein guter Grund für die Forderung, dass die Zucht und Verbreitung von Kampfhunden in Deutschland generell verboten werden sollte. (Die These ist allerdings sehr stark; vielleicht ist die Begründung nicht ausreichend.) Tatsächlich aber ist die Begründung nachweislich falsch: Nach einer zuverlässigen Statistik passieren die meisten Beißvorfälle hierzulande nicht mit Kampfhunden, sondern mit Schäferhunden. Der in der Begründung angeführte Grund trifft nicht zu, daher ist die Begründung nicht stichhaltig. Wir werden auf diesen Fall später noch zurückkommen.

In manchen Fällen ist es durchaus möglich, dass die Frage, ob die Gründe richtig oder zutreffend oder gerechtfertigt sind, sehr schwer zu entscheiden ist oder von unterschiedlichen Menschen unterschiedlich beurteilt wird. Es wäre natürlich schön, wenn wir zweifelsfrei und objektiv wissen könnten, ob eine Tatsachenbehauptung tatsächlich wahr ist und ob eine Forderung tatsächlich gerechtfertigt ist. Für das Argumentieren ist dies jedoch nicht unbedingt erforderlich. Es reicht aus, dass wir die Behauptung für zutreffend oder richtig und die Forderung für gerechtfertigt halten. Entscheidend ist, dass man einer Tatsachenbehauptung im Prinzip ebenso zustimmen kann wie einer Forderung. Wir stimmen einer Tatsachenbehauptung zu, wenn wir sie für zutreffend halten, und einer Forderung, wenn wir sie für gerechtfertigt halten. Bei der Beurteilung der Richtigkeit bleibt letztlich immer ein subjektiver Faktor erhalten.

> **Tipp 5:** Achten Sie auf die Richtigkeit der Gründe. Eine Tatsachenbehauptung ist als Grund nur akzeptabel, wenn wir sie auch für zutreffend halten, eine Forderung ist als Grund nur akzeptabel, wenn wir sie auch für gerechtfertigt halten.

Im Folgenden soll die Anwendung der Bewertungsmaßstäbe etwas ausführlicher anhand von vier etwas längeren Beispielen vorgeführt werden.

Beispiel 1: Licht an!

„Eine im Auftrag der Europäischen Kommission durchgeführte Studie hat ergeben, dass das Einschalten des Abblendlichts auch bei Tag das Unfallrisiko um bis zu 15 Prozent verringern könnte. Permanentes Lichteinschalten ist daher trotz des damit verbundenen erhöhten Spritverbrauchs und eventuell steigender Kosten für die Reparatur verschleißender Glühbirnen ein vertretbarer Aufwand, um die Verkehrssicherheit zu erhöhen.“

Bei dem Versuch, die Argumentation in die Standardform zu übertragen, zeigen sich zunächst erhebliche Argumentationslücken. Es ist daher nötig, die Argumentation zu ergänzen und zu vervollständigen. Eine vervollständigte Fassung, in der alle Annahmen, die expliziten wie auch die impliziten, vollständig aufgeführt sind, könnte etwa wie folgt aussehen:

[1] Das Einschalten des Abblendlichts auch bei Tag könnte das Unfallrisiko um bis zu 15 Prozent verringern. (Dies hat eine im Auftrag der Europäischen Kommission durchgeführte Studie ergeben.)

[2] (*implizit:*) Maßnahmen, die das Unfallrisiko um bis zu 15 Prozent verringern, erhöhen die Verkehrssicherheit.

[3] (*implizit:*) Es ist gut, die Verkehrssicherheit zu erhöhen.

[4] Permanentes Lichteinschalten hat einen erhöhten Spritverbrauch und eventuell steigende Kosten für die Reparatur verschleißender Glühbirnen zur Folge. Dies sind negative Folgen.

[5] (*implizit:*) Die positiven Folgen aus dem permanenten Lichteinschalten wiegen die negativen Folgen auf.

[6] (*implizit:*) Wenn eine Maßnahme die Verkehrssicherheit erhöht und die positiven Folgen aus der Maßnahme die negativen Folgen aufwiegen, ist die Maßnahme ein vertretbarer Aufwand.

[T] Permanentes Lichteinschalten ist ein vertretbarer Aufwand, um die Verkehrssicherheit zu erhöhen.

Die Begründung ist widerspruchsfrei, nicht zirkulär und relevant. Aber ist sie auch ausreichend stark? Stehen die Gründe in einem solchen Zusammenhang zur These, dass es nicht möglich ist, die Gründe zu akzeptieren, die These aber zurückzuweisen?

Ja. Zwar fehlen in der ursprünglichen Fassung wesentliche Teile der Argumentation, aber in der ergänzten Standardform-Fassung ist die Begründung komplett und ausreichend stark. Wenn man die Gründe allesamt für zutreffend hält, ist es auch vernünftig zu akzeptieren, dass ein permanentes Lichteinschaltgebot ein vertretbarer Aufwand ist, um die Verkehrssicherheit zu erhöhen.

Das Ergebnis lautet: Die Begründung ist ausreichend stark, um die These zu stützen. Wenn man darüber hinaus die Gründe für zutreffend und akzeptabel hält, ist die Argumentation insgesamt stichhaltig.

Beispiel 2: Beißvorfälle mit Kampfhunden

„Die Zucht und Verbreitung von Kampfhunden sollte in Deutschland generell verboten werden, denn die meisten Beißvorfälle passieren hierzulande mit Kampfhunden."

Wir übertragen wieder in die Standardform:

[1] Die meisten Beißvorfälle in Deutschland passieren mit Kampfhunden.

[T] Die Zucht und Verbreitung von Kampfhunden sollte in Deutschland generell verboten werden.

Die Argumentation ist unvollständig: Es fehlt eine explizite Behauptung darüber, dass eine hohe Zahl von Beißvorfällen ein generelles Zucht- und Verbreitungsverbot rechtfertigt:

[1] Die meisten Beißvorfälle in Deutschland passieren mit Kampfhunden.

[2] (implizit:) *Die Zucht und Verbreitung von Hunderassen, mit denen in einem Land die meisten Beißvorfälle passieren, sollte in jenem Land generell verboten werden.*

[T] Die Zucht und Verbreitung von Kampfhunden sollte in Deutschland generell verboten werden.

Die These ist sehr stark, es ist darin von einem generellen Verbot die Rede; die hinzugefügte Behauptung ist ebenfalls sehr stark, es ist darin von einem direkten Zusammenhang zwischen einer hohen Zahl von Beißvorfällen und einem generellen Zucht- und Verbreitungsverbot die Rede. Ist die Begründung insgesamt ausreichend stark? Muss man, *wenn* man die Gründe akzeptiert, auch die These akzeptieren? Konkret: Angenommen, die angeführten Gründe seien allesamt zutreffend und akzeptabel – ist es dann richtig, dass die Zucht und Verbreitung von Kampfhunden in Deutschland generell verboten werden sollte?

Ja, wenn ich die Gründe alle akzeptiere, dann muss ich auch die These akzeptieren. Die zweite implizite Behauptung ist ebenfalls sehr stark. Wenn ich die zweite Behauptung jedoch akzeptiere und wenn die erste Behauptung stimmt, dann muss ich auch die These akzeptieren. Die Begründung ist ausreichend stark, sie stützt die These ausreichend.

Nichtsdestotrotz ist die Annahme [1] falsch. Die meisten Beißvorfälle in Deutschland passieren nicht mit Kampfhunden, sondern mit Schäferhunden.

Außerdem ist die Annahme [2] problematisch: Es ist durchaus nicht allgemein akzeptabel, dass eine hohe Zahl von Beißvorfällen ein generelles Zucht- und Verbreitungsverbot rechtfertigt.

Das Ergebnis lautet: Die Begründung mag ausreichend stark sein. Trotzdem ist eine entscheidende Behauptung, die als Grund angeführt wird, falsch, und ein weiterer Grund ist problematisch und weiterhin begründungsbedürftig. Daher ist die Argumentation insgesamt nicht stichhaltig.

Beispiel 3: Philosophenblut

„Philosophen gibt's überall. Blut nicht. Spende Blut beim Roten Kreuz." (Werbeplakat des Deutschen Roten Kreuzes)

Übertragen in die Standardform könnte die Argumentation in etwa so aussehen:

[1] Philosophen gibt es überall.
[2] Blut gibt es nicht überall: Blut ist selten und kostbar.
[T] Man soll Blut beim Deutschen Roten Kreuz spenden.

Fragen wir auch hier wieder zunächst danach, ob die Begründung ausreichend stark ist: Angenommen, die Gründe seien allesamt richtig und akzeptabel – ist es dann richtig, dass man Blut beim Roten Kreuz spenden sollte?

Sie stutzen? Zu Recht. Hier stimmt etwas nicht. Die angegebene Begründung scheint völlig irrelevant zu sein. Was hat eine Philosophenschwemme – falls es sie überhaupt geben sollte – mit Blut zu tun? Und was hat die Seltenheit von Blut damit zu tun, dass man es spenden sollte? Und wie hängt die Seltenheit von Blut mit der Philosophenschwemme zusammen? Fragen über Fragen.

Höchstwahrscheinlich ist das Plakat gar nicht als Begründung gedacht gewesen. Die Hauptbotschaft, dass man Blut spenden soll, gilt vermutlich gar nicht als strittige These, sodass sich auch nicht die Aufgabe stellt, die Behauptung zu begründen. Versuchen wir trotzdem einmal übungshalber, die Aussage der Plakatwerbung als Inspiration für einen eigenen Begründungsversuch zu nehmen. Ein Begründungsversuch könnte in etwa so aussehen:

„Man sollte Blut spenden, weil Blut selten ist, allzeit für viele medizinische Aufgaben dringend benötigt wird und die freiwillige Blutspende das einzige geeignete Mittel ist, um ausreichend Blut zur Verfügung zu haben. Und man sollte es beim DRK spenden, weil dieses einen Blutspendedienst bietet und eine respektable Organisation ist."

Diese Begründung sähe in der Standardform etwa so aus:

[1] Blut ist selten und wird allzeit für viele medizinische Aufgaben dringend benötigt.

[2] Die freiwillige Blutspende ist das einzige geeignete Mittel, um ausreichend Blut zur Verfügung zu haben.

[3] Das Deutsche Rote Kreuz bietet einen Blutspendedienst und ist eine respektable Organisation.

[T] Man soll Blut beim Deutschen Roten Kreuz spenden.

Diese Begründung, man sieht es gleich, wäre relevant und ausreichend stark. Leider kommen darin keine Philosophen vor. Verglichen mit dem Werbeplakat wäre die Begründung wenig spektakulär, altbekannt und nicht die Spur witzig. Insofern kann man verstehen, dass die Werbefirma einen anderen Weg zur Übermittlung der Hauptbotschaft gewählt hat. Sie hat sich auf die Annahme „Blut ist selten" beschränkt, also auf die erste Information aus der ersten Annahme. Der Rest, so haben sich die Werbemacher vielleicht gedacht, verstehe sich ohnehin von selbst.

Der Hinweis auf die überall vorkommenden Philosophen ist nur Staffage, ein illustrierender Vergleich nach dem Motto: „Im Gegensatz zur Philosophenflut gibt's nur ganz selten Spenderblut." Doch so ganz willkürlich sind die vielen Philosophen auch wieder nicht. Was passiert eigentlich, wenn man anstelle von Philosophen andere Dinge einsetzt, die ebenfalls verbreiteter sind als gespendetes verfügbares Blut? Nicht alles wäre witzig:

Aidstote gibt's überall. Blut nicht. Spende Blut beim Roten Kreuz.

Die Werbefirma hat es also doch richtig gemacht: Philosophen sind für die Blutspende zwar irrelevant, der Bezug auf sie macht den Slogan aber immerhin witzig. Das Ergebnis lautet: Wenn die Behauptungen überhaupt als Begründung gemeint gewesen sind, dann ist die Begründung irrelevant. Die Argumentation, falls es eine sein sollte, wäre insgesamt nicht stichhaltig.

Beispiel 4: Medizinische Vorzugsbehandlung

Zum Abschluss noch das bereits angesprochene Beispiel aus dem oft unglaublichen, aber dennoch wirklichen Leben:

„In der Notaufnahme eines Krankenhauses in der damaligen DDR warten mehrere Patienten. Die Behandlung eines Kindes wird wegen akuter medizinischer Gefahr vorgezogen. Daraufhin protestiert ein Patient, Herr P.: „Ich verlange, sofort behandelt zu werden, immerhin bin ich Verfolgter des Naziregimes und Widerstandskämpfer!“

Wir übertragen wieder in die Standardform und ergänzen:

[1] Herr P. ist Verfolgter des Naziregimes und Widerstandskämpfer.
[2] Herr P. ist krank, befindet sich jedoch nicht in akuter medizinischer Gefahr.
[3] Würde Herr P. sofort behandelt, ginge dies zu Lasten eines Kindes in akuter medizinischer Gefahr.
[T] Herr P. sollte dennoch sofort medizinisch behandelt werden.

Wie geht man am besten mit dieser Argumentation um?

Offenbar geraten hier zwei Gesichtspunkte in Konflikt miteinander. Vom ärztlichen Standpunkt aus gesehen sollte derjenige zuerst behandelt werden, der sich in akuter medizinischer Gefahr befindet. Das ist das Kind, nicht Herr P. Vom Standpunkt des Herrn P. aus gesehen sollte derjenige zuerst behandelt werden, der Verfolgter des Naziregimes und Widerstandskämpfer ist. Das ist Herr P., nicht das Kind. Wer hat Recht?

Man könnte versuchen, diesen Konflikt durch eine eindeutige Parteinahme gegen Herrn P. aufzulösen: Entscheidend für die Frage, wer zuerst behandelt werden sollte, ist allein die akute medizinische Gefahr, nicht irgendein sonstiges politisches oder soziales Verdienst. Nach diesem Standpunkt wäre der Verweis von Herrn P., dass er Verfolgter des Naziregimes und Widerstandskämpfer ist, für die Akzeptanz der These irrelevant; die Argumentation verstieße gegen das Beurteilungskriterium 3 und wäre somit nicht stichhaltig. Dies wäre allerdings nicht mehr und nicht weniger als eine weitere Setzung, ein Gegenstandpunkt.

Es gibt noch eine weitere Möglichkeit des Umgangs mit der Argumentation. Sie besteht darin, die Argumentation als unvollständig anzusehen und dementsprechend zu fragen: Welche zusätzliche Annahme wäre nötig, um die Lücke im Übergang von den Annahmen [1] bis [3] zur These [T] zu schließen? Welche zusätzliche Annahme müsste Herr P. vertreten, wenn er eine relevante und ausreichend starke Argumentation vorbringen will?

Die Annahme müsste etwa so lauten:

[4] (*implizit:*) Ein Verfolgter des Naziregimes und Widerstandskämpfer sollte immer sofort medizinisch behandelt werden, auch wenn er nicht in akuter medizinischer Gefahr ist; das gilt selbst dann, wenn dies zu Lasten eines anderen Menschen in akuter medizinischer Gefahr geht.

Diese oder jedenfalls eine ähnliche Annahme müsste Herr P. vertreten, wenn er an der These, er müsse unbedingt sofort behandelt werden, festhalten will. Diese Annahme ist jedoch hoch problematisch und kaum akzeptabel – und damit selbstentlarvend! So betrachtet verstieße die Argumentation gegen den Beurteilungsmaßstab 5.

Nach der ersten Interpretation wäre die Begründung irrelevant, nach der zweiten wäre die Argumentation unvollständig, und nach Ergänzung würde sich herausstellen, dass eine entscheidende implizite Annahme inakzeptabel ist. Das Resultat bleibt dasselbe. Die Argumentation ist nicht stichhaltig. Aber überzeugender ist vielleicht die zweite Vorgehensweise, weil sie den Urheber der Argumentation zwingt, alle Karten auf den Tisch zu legen und zu bekennen, dass er implizit die Annahme [4] (oder eine ähnliche Annahme) vertreten muss, wenn er die These aufrechterhalten will.

Im konkreten Fall jedenfalls war seinerzeit die ganze Begründung zu Recht zurückgewiesen worden – der Widerstandskämpfer musste warten.

3. Relevanz in einfachen und komplexen Argumentationen

Das Beurteilungskriterium der Relevanz wurde bereits angesprochen. In einem ganz direkten und unmittelbaren Sinne bedeutet Relevanz, dass der Inhalt der Gründe etwas zu tun haben muss mit dem Inhalt der These. Gründe und These müssen von der selben Sache handeln, die Gründe müssen für die These einschlägig sein. Je genauer und sorgfältiger Gründe und These formuliert werden, desto eher lässt sich beurteilen, ob die Gründe für die These relevant sind. Hier zeigt sich, wie wichtig das in einem früheren Kapitel angesprochene Sorgfältigkeitsgebot im Umgang mit dem sprachlichen Ausdruck ist.

Wie wir bereits wissen, kann es bei Streitfragen durchaus strittig sein, welcher Aspekt relevant ist und welcher nicht. Dementsprechend kann es auch durchaus unterschiedlich beurteilt werden, ob ein angegebener Grund zur Begründung einer These relevant ist oder nicht. Relevanz bedeutet, dass ein bestimmter Aspekt für die Beurteilung einer strittigen These eine Rolle spielt, vielleicht sogar die entscheidende Rolle spielt. Irrelevanz lässt sich dementsprechend verstehen als eine Art Ausschlussregel: Für die schnelle medizinische Notbehandlung spielt nur die medizinische Bedürftigkeit eine Rolle, andere Merkmale werden ausgeschlossen.

Tipp 6: Irrelevanz hat die Funktion einer Ausschlussregel: Sie legt fest, welcher Aspekt für die Beurteilung einer strittigen These keine Rolle spielt.

Drei besonders wichtige Ausschlussregeln kennen wir bereits aus einem früheren Kapitel: Argumente *Ad-hominem*, *Ad-misericordiam* und *Ad-baculum*. Alle drei Argumentformen lassen sich als Ausschlussregeln im Sinne irrelevanter Aspekte ansehen.

1. Irrelevanz von *Ad-hominem*-Argumenten: Angriffe gegen die Person sind irrelevant. Für die Beurteilung einer strittigen Behauptung sollte es keine Rolle spielen, welche Person die Behauptung vertritt. Argumentative Angriffe sollten sich daher nicht gegen die Person, sondern gegen die Behauptung der Person richten.

2. Irrelevanz von *Ad-misericordiam*-Argumenten: Auch Emotionen, Mitleids- oder Hassgefühle, sind in den allermeisten Fällen nicht relevant für die Beurteilung, ob eine strittige Behauptung stimmt oder nicht.

3. Irrelevanz von *Ad-baculum*-Argumenten: Drohung und Gewalt sind für die Beurteilung von Behauptungen in Argumentationen generell irrelevant. Sie dürfen keinen Einfluss darauf haben, ob eine strittige Behauptung als begründet gilt oder nicht.

Wie bereits angesprochen, gilt der Beurteilungsmaßstab der Relevanz jedoch nicht nur für eine einfache Argumentation, sondern auch und besonders für komplexe Argumentationen. Hier übernimmt der Beurteilungsmaßstab die Funktion der Gewichtung von Gründen. Zur Illustration sei noch einmal an den Fall Jessica erinnert:

„Jessica muss jetzt ins Bett, denn sie hat morgen Schule."

Mögliche Einwände sind:

1. Es wird bestritten, dass der angegebene Grund überhaupt relevant ist: „Die Schule hat doch gar nichts mit dem Insbettgehen zu tun!"

2. Es wird bestritten, dass der angegebene Grund der ausschlaggebende (entscheidende) Grund ist: „Das mit der Schule ist doch nur vorgeschoben und gar nicht der Hauptgrund! In Wirklichkeit soll sie ins Bett, damit ihre Eltern abends in Ruhe fernsehen können."

Der erste Einwand konzentriert sich auf den tatsächlich angegebenen Grund und bezweifelt, dass dieser Grund zur Stützung der These relevant ist. Für den ersten Einwand gilt der Beurteilungsmaßstab der Relevanz also absolut: Entweder der angegebene Grund ist relevant oder nicht.

Der zweite Einwand geht jedoch darüber hinaus. Er stellt den angegebenen Grund in einen größeren inhaltlichen Kontext mit weiteren möglichen Gründen und behauptet, dass aus der Vielzahl möglicher Gründe eigentlich ein anderer Grund hätte ausgewählt werden müssen, der für die Beurteilung der Streitfrage *relevanter* gewesen wäre. Für den zweiten Einwand gilt der Beurteilungsmaßstab der Relevanz also relativ: Der angegebene Grund ist relativ zu weiteren möglichen Gründen mehr oder weniger relevant. In komplexen Argumentationen mit mehreren Gründen übernimmt der Beurteilungsmaßstab der Relevanz also die Funktion der Gewichtung von Gründen.

Dies wird besonders deutlich, wenn der Vorwurf der Irrelevanz als Einwand gegen eine Begründung vorgebracht wird: „Der angeführte Grund ist doch nur vorgeschoben! In Wirklichkeit geht es Ihnen doch um etwas ganz anderes!" Oder: „Ich teile zwar Ihren Standpunkt, also Ihre These, das jedoch aus gänzlich anderen Gründen! Die Gründe, die Sie anführen, sind doch allesamt irrelevant!" Es werden weitere Gründe ins Spiel gebracht, und es wird behauptet dass einer dieser bisher nicht genannten weiteren Gründe mehr Gewicht erhalten sollte als der ursprüngliche.

Hier ergeben sich allerdings sogleich mehrere schwierige Fragen: Wie und nach welchen Kriterien wird entschieden, welche Gründe wie gewichtet werden? Wer legt fest, was relevant ist und was nicht? Gibt es Abstufungen für Relevanz und wie werden solche Abstufungen festgelegt? Wie lässt sich im Konfliktfall entscheiden, welche Gründe relevanter sind als andere? Diese Fragen sind sehr interessant, zugleich aber auch hochgradig umstritten.

In der Praxis des Argumentierens erfolgt die Gewichtung von Gründen meist nach dem Maßstab persönlicher Überzeugungen. Fragen der Gewichtung sind oft subjektive Ermessensfragen und nur in Ausnahmefällen objektiv entscheidbar. Daher kommt es auch so oft zu unauflösbaren Meinungsverschiedenheiten: Die eine hält diesen Grund für relevanter, die andere jenen, und dabei bleibt es. Fragen der Gewichtung sind außerdem oftmals stark kulturell und sozial geprägt. Welche Aspekte für eine Streitfrage mehr oder weniger relevant sind, wird von gesellschaftspolitischen Institutionen wie zum Beispiel der Werte- und Rechtsordnung des Grundgesetzes oder den Entscheidungen des Bundesverfassungsgerichts wesentlich mitbestimmt.

Im Streit- und Konfliktfall treffen verschiedene Werteordnungen mit verschiedenen Auffassungen darüber aufeinander, welche Beurteilungsaspekte relevant oder relevanter sind. Die Aussichten, in Konfliktfällen eine rationale und begründbare Schlichtung herbeiführen zu können, sind oft eher gering. Trotzdem hat die Auseinandersetzung mit Fragen der Gewichtung von Gründen durchaus auch einen positiven Aspekt. In vielen Streitfragen ist nämlich am Anfang der Auseinandersetzung gar nicht klar, welche Gewichtung die eine Seite und welche die andere Seite überhaupt vornimmt. Die Gewichtung von Gründen liegt oft im unbewussten und unausgesprochenen Graubereich einer Argumentation. Sie ans Tageslicht zu holen kann zumindest dazu beitragen, dass nun ganz klar hervortritt, worin der Streitpunkt eigentlich besteht, nämlich in einer unterschiedlichen Einschätzung, für wie relevant ein Grund für die Beurteilung der strittigen These gehalten wird. Es wird dann zumindest klar, was alles noch nicht klar ist. Das könnte ein erster Schritt auf dem Weg zur Verständigung sein.

4. Ausgewogenheit und Begründungslastverteilung

Ausgewogenheit. Ein Beurteilungsmaßstab, der immer wieder angeführt wird, um eine Argumentation zu bewerten, ist Ausgewogenheit. Es gilt als besonderes Qualitätsmerkmal, wenn Pro- und Contra-Argumente gleichermaßen berücksichtigt werden und zu Wort kommen. Im gemeinsamen Fernsehauftritt von Angela Merkel und Gerhard Schröder vor der Bundestagswahl 2005 zum Beispiel wurde peinlich genau darauf geachtet, dass zumindest die Redezeit gleich verteilt war. Niemand sollte bevorzugt oder benachteiligt werden. Durch die Gleichbehandlung sollte Chancengleichheit beim Vorbringen der Argumente gewährleistet werden. Das ist Ausgewogenheit.

Ausgewogenheit kann ein wichtiger Aspekt bei der Beurteilung einer Argumentation sein, sie ist jedoch kein universeller Bewertungsmaßstab.

Ausgewogenheit ist wichtig, wenn es darum geht, sich möglichst viele unterschiedliche Informationen zu einem Thema zu beschaffen. Die Informationsquellen sollten nicht einseitig, sondern ausgewogen sein. Sich informieren ist jedoch etwas anderes als Argumentieren.

> **Tipp 7:** Achten Sie auf Ausgewogenheit bei der Beurteilung, welche Art von *Informationen* zu einem Thema vorliegen. Für die Beurteilung von *Argumentationen* hingegen ist Ausgewogenheit kein universell anwendbares Beurteilungskriterium.

Besonders im journalistischen Kommentar gilt die Ausgewogenheit als hohes Gut. Journalisten, zumindest solche des Qualitätsjournalismus, verstehen sich in Streitfragen oft als Moderatoren, nicht als Richter. Diesem Selbstverständnis entspricht es dann viel eher, sich eines eigenen eindeutigen Urteils auch einmal ganz zu enthalten. So fehlt denn in einigen Kommentaren eine abschließende persönliche Stellungnahme, oder die Stellungnahme ist jedenfalls kein direktes inhaltliches Urteil in der jeweiligen Streitfrage, sondern bezieht sich beispielsweise darauf, wie schwierig das Thema zu beurteilen ist oder dass es sich um ein Dilemma handelt, bei dem jede mögliche Entscheidung problematisch bleibt.

Journalisten haben sich in vielen Fragen eine Selbstverpflichtung zur Ausgewogenheit auferlegt. Ebenso wie die Moderatorin weiß auch die Journalistin: Einseitigkeit gilt als Tod der Aufklärung. Zu jeder Seite gibt es eine Gegenseite, zu jedem Argument ein Gegenargument. Die Aufgabe kann daher nur darin bestehen, beide Seiten zu Wort kommen zu lassen. Damit schafft die Journalistin für den Leser, Zuhörer oder Zuschauer die Möglichkeit, sich selbst ein Urteil bilden zu können. Zugleich schützt sie sich selbst davor, sich von einer Seite der Diskussion allzu sehr vereinnahmen zu lassen.

Die Zurückhaltung hat jedoch auch eine Kehrseite. Ausgewogenheit wird oft als Neutralität missverstanden. In einem Zweier-Streitgespräch, zum Beispiel einem politischen Interview, attackiert die Journalistin zwar ihre Gesprächspartnerin, um nicht in den Verdacht zu geraten, voreingenommen oder konformistisch zu sein. Doch dies ist keine echte Gegenposition, sondern eine rein taktische Gesprächsführung. Zu mehr würde allein schon die Vorbereitungs- und Gesprächszeit gar nicht ausreichen, ganz zu schweigen, dass man sich durch hartnäckiges kritisches Nachfragen bei Politikern durchaus unbeliebt machen kann. In einem Streitgespräch mit mehr als zwei Personen ist die Journalistin dann meist wiederum ganz Moderatorin, die sich um Ausgleich und Ausgewogenheit bemüht.

Eine solche Diskussionskultur der Ausgewogenheit ist durch die Medien und öffentlichen Diskussionen in Deutschland weit verbreitet. Sie ist auf Konsensfindung ausgerichtet. Wer einseitig argumentiert, gilt als voreingenommener Hardliner, erst die Vorwegnahme und Entkräftung, wenn möglich auch Integration von Gegenargumenten in die eigene Position zeichnet einen fortschrittlichen Geist aus. Die eigenen Standpunkte werden folglich nicht als zugespitzte und streitbare Positionen dargestellt, sondern möglichst als fertige Vernunfturteile, die bereits eine Synthese darstellen: als wären dies gar keine Standpunkte, sondern bereits die fertigen Gesamturteile, gebildet aus einem Standpunkt, dem Gegenstandpunkt und einer Bewertung.

Ein Gesamturteil wirkt natürlich sehr vernünftig und ausgewogen; ihm zu widersprechen, muss als geradezu aggressives Zurückweisen des damit gegebenen Konsensangebotes gelten. Der Eindruck ist gewollt. Besonders deutsche Politiker scheinen sehr bemüht zu sein, den Eindruck des ausgewogenen Vernunfturteils zu erwecken. Anders als Gewerkschafts- oder Arbeitgebervertreter, die nach wie vor einen echten streitbaren Standpunkt vertreten, versuchen sich moderne Politiker den Anschein der allgemein verträglichen, fast möchte man sagen: unparteiischen Volksvertreter zu geben, deren ausgewogenen Vernunfturteilen man sich nicht entziehen kann. Im günstigen Fall wirkt es überzeugend und Vertrauen erweckend, im ungünstigen Fall eher jovial und altväterlich.

Die Ausgewogenheitsforderung erscheint allerdings in einem ganz anderen Licht, wenn man sie in den Zusammenhang der zweiten Argumentationsform, des Beweisverfahrens, stellt. Hier geht es darum zu prüfen, ob eine ganz bestimmte Begründung ausreichend ist, um eine möglichst eindeutig entscheidbare, klare und zugespitzte Frage, die These, zu begründen. Bei der Beweisführung wird die Argumentation in viele kleine Teilschritte zerlegt. Günstigenfalls gibt es eine zentrale These, die besonders strittig oder besonders wichtig ist. Für die These versucht man, eine gute Begründung zu finden. Falls es eine Gegenthese gibt, könnte man zusätzlich noch versuchen, die Begründung für die Gegenthese zu kritisieren. Dies kann dann sinnvoll sein, wenn die Begründung für die These eher schwach, die für die Gegenthese jedoch eher stark ist. Direkt nötig ist dies jedoch nicht.

Die Forderung nach Ausgewogenheit führt bei Argumentationen schnell dazu, dass Argumentationen immer komplexer werden. Das ist nicht unbedingt immer ein Vorteil. Im Gegenteil, um die Übersichtlichkeit zu gewährleisten, sollte eine Argumentation so einfach wie möglich gehalten werden. In der Praxis muss man deswegen abwägen, ob es wichtiger ist, eine Argumentation einfach und dafür übersichtlich und überprüfbar zu gestalten oder möglichst komplex und ausgewogen und dafür schwer zu überblicken und zu prüfen. Bei dem Beweisverfahren entscheidet man sich im Zweifelsfall zugunsten der Übersichtlichkeit und Prüfbarkeit. Daher ist die Anforderung der Ausgewogenheit hier nachrangig und kein universelles Beurteilungskriterium.

Begründungslastverteilung. Ein weiterer oft ins Feld geführter Beurteilungsmaßstab für Argumentationen ist die Begründungslastverteilung. In Diskussionen kommt es immer wieder vor, dass ein Gesprächspartner die Begründungslast von sich auf den Kontrahenten abschiebt: „Sie sagen, Atomkraftwerke seien ungefährlich. Dann begründen Sie doch mal Ihre Auffassung!" – „Wieso ich? Beweisen Sie mir doch erst einmal, dass Atomkraftwerke gefährlich sind!" Dementsprechend lautet auch ein beliebter Einwand: „Ich muss Ihre Argumentation komplett zurückweisen! Sie tun so, als sei Ihre Behauptung ganz unverdächtig und als würde es ausreichen, eine einfache Begründung dafür zu geben. Tatsächlich aber hat Ihre Behauptung schwerwiegende Folgen – die Begründungslast jedoch, die haben sie noch gar nicht erkannt, geschweige denn übernommen!"

Stehen sich in einer Argumentation mehrere Positionen, zum Beispiel These und Gegenthese, gegenüber, dann stellt sich die Frage, bei wem die Begründungslast liegt: Muss derjenige, der die These vertritt, eine Begründung für seine These liefern oder muss derjenige, der die Gegenthese vertritt, eine Begründung für seine Gegenthese liefern? Ist das Zurückweisen der Begründungslast überhaupt ein erlaubter Zug beim Diskutieren? Welche Seite hat die Begründungslast für ihre Behauptung zu übernehmen? Gilt die Begründungslast immer für beide Seiten gleichermaßen oder kann sie auch ungleich verteilt sein?

Die Forderung der Übernahme einer Begründungslast hat große Ähnlichkeit mit dem verwandten Prinzip der Beweislast aus der Strafrechtslehre. Im Strafgerichtsverfahren ist die Beweislast allerdings einseitig verteilt: die Beweislast einer Anklage liegt stets beim Ankläger und nicht beim Angeklagten. Es muss also nicht der Angeklagte seine Unschuld nachweisen, sondern der Ankläger muss die Schuld des Angeklagten nachweisen. Solange dies nicht geschehen ist, hat der Beschuldigte als unschuldig zu gelten. Das Prinzip der Beweislastregelung gibt also an, welche Seite die Beweislast übernehmen muss, und im Strafrecht ist dies eindeutig und einseitig festgelegt.

Anders dagegen in Diskussionen. Hier ist es oftmals gar nicht so recht klar, welche Seite eine besondere Verpflichtung hat, ihre These zu begründen. Auch wenn es keine verbindliche Regelung gibt, wem die Begründungslast in einer Diskussion zukommt, so gibt es doch zwei wichtige Gesichtspunkte, die für die Zuweisung der Begründungslast immer eine Rolle spielen:

1. Bei der Begründung strittiger Thesen liegt die Begründungslast stets bei derjenigen Seite, deren These strittiger ist und stärker vom allgemeinen Konsens abweicht. Dazu ein Beispiel. Angenommen, die These, es gäbe ein Leben nach dem Tod, sei strittiger als die Gegenthese, es gäbe kein Leben nach dem Tod; dann läge die Begründungslast in diesem Fall bei demjenigen, der die erste These vertritt.

Tipp 8: Achten Sie bei Argumentationen mit mehreren konkurrierenden Thesen darauf, welcher Seite die Begründungslast zukommt. Entscheidend dafür ist unter anderem, welche These stärker vom allgemeinen Konsens abweicht bzw. welche Handlung stärker in den bestehenden Zustand eingreift.

2. Bei der Rechtfertigung problematischer Handlungen und Handlungsforderungen liegt die Begründungslast stets bei derjenigen Seite, deren Handlungsforderung stärker in den bestehenden Zustand eingreift. Dazu zwei Beispiele. Die Handlung, jetzt viele Mitarbeiter zu entlassen, bedeutet einen stärkeren Eingriff in den bestehenden Zustand als die Handlung, die Arbeitsplätze so zu belassen, wie sie sind; daher liegt die Begründungslast (in diesem Fall: die Rechtfertigungslast) bei demjenigen, der die Entlassung vornehmen will. Die Handlung, jetzt viele Bäume des Regenwaldes abzuholzen, bedeutet einen stärkeren Eingriff in den bestehenden Zustand als die Handlung, die Bäume so zu belassen, wie sie sind; daher liegt die Begründungslast (Rechtfertigungslast) bei demjenigen, der die Rodung vornehmen will.

Ebenso wie die Ausgewogenheit kann auch die Zuweisung der Begründungslast einen wichtigen Aspekt bei der Beurteilung einer Argumentation ausmachen. Beide sind jedoch keine universellen Bewertungsmaßstäbe.

5. Gute und schlechte Argumentationen

Zum Abschluss des Kapitels soll nun ein Fazit gezogen werden: Was macht eine Argumentation zu einer guten Argumentation? Welche Qualitätsmerkmale sollte eine gute Argumentation erfüllen? Was zeichnet eine gute Argumentation aus?

Ein wichtiger Teil der Antwort wurde in diesem Kapitel besprochen: Gute Argumentationen müssen die angegebenen universellen Bewertungsmaßstäbe erfüllen. Doch um wirklich gut zu sein, sollte eine Argumentation mehr leisten als das. Im Verlaufe der vorangegangenen Kapitel haben wir eine ganze Reihe weiterer Qualitätsmerkmale kennen gelernt. Diese Qualitätsmerkmale sollen nun in einer Gesamtauswertung zusammen gestellt werden.

Gute Argumentationen verfolgen das Ziel der Erkenntnissuche mit den Mitteln der Prüfung und Beweisführung. Sie basieren auf Toleranz und erkennen an, dass jeder Mensch das Recht hat, von einer vorgegebenen Begründung nicht überzeugt zu sein. Sie verstehen das Ergebnis einer Argumentation als eine vorläufig erreichte Stufe in einem prinzipiell offenen Begründungsprozess.

Gute Argumentationen sind sachlich und fair. In guten Argumentationen kommen weder Angriffe gegen die Person vor, noch eine Berufung auf Mitleid oder Hass noch schließlich Drohung und Gewalt. Gute Argumentationen sind frei von *Ad-hominem*-Argumenten, *Ad-misericordiam*-Argumenten und *Ad-baculum*-Argumenten.

Gute Argumentationen sind explizit. Anstelle von rhetorischen Fragen, suggestiven Unterstellungen oder kunstvoll gedrechselten Formulierungen sind alle entscheidenden Annahmen ausdrücklich als Behauptung formuliert. Auch wertende Stellungnahmen sind explizit und direkt in einer eigenen Aussage ausgedrückt. In guten Argumentationen gibt es keine versteckten oder angedeuteten Wertungen und keine Anspielungen. Gute Argumentationen sind sorgfältig formuliert.

Gute Argumentationen sind knapp, einfach und übersichtlich strukturiert und deutlich formuliert. Sie enthalten nur die These und solche Behauptungen und Informationen, die einen wirklich wichtigen eigenständigen Grund ausmachen. Auf wortreiche Formulierungen wird ebenso verzichtet wie auf überflüssige Wiederholungen oder Nebeninformationen. Die These und die Gründe sind so formuliert, dass sie alle zum Verständnis notwendigen Informationen enthalten und auch für sich stehen können. Gute Argumentationen sollten möglichst nicht zu komplex sein, und wenn sie es doch sind, sollten sie sich in überschaubare Teilstücke zerlegen lassen.

Gute Argumentationen sind möglichst vollständig.

Gute Argumentationen erfüllen die universellen Bewertungsmaßstäbe: Sie sind widerspruchsfrei und nicht zirkulär, die angegebenen Gründe sind relevant und ausreichend stark und außerdem richtig (zutreffende Tatsachenfeststellungen oder gerechtfertigte Forderungen oder Wertungen).

Gute Argumentationen müssen nicht ausgewogen sein. Eine gute Argumentation braucht nicht alle überhaupt möglichen Gründe zu berücksichtigen und sie muss auch nicht den Anspruch stellen, ein ausgewogenes, konsensfähiges Gesamturteil zu einer Frage zu präsentieren. Gute Argumentationen sollen einen echten Standpunkt in einer Streitfrage begründen. Dazu sollten sie differenziert genug sein.

Gute Argumentationen sollten berücksichtigen, wem die Begründungslast in einer Streitfrage zukommt.

Schlechte Argumentationen sind keine guten Argumentationen.

► 8 praktische Tipps auf einen Blick: Argumentationen beurteilen

Tipp 1: Achten Sie auf Widerspruchsfreiheit. Eine Begründung darf keinen Widerspruch, also eine Behauptung und zugleich die Gegenbehauptung, enthalten.

Tipp 2: Achten Sie auf Zirkelfreiheit. In einer Begründung für eine These darf die strittige These nicht auftauchen.

Tipp 3: Achten Sie auf Relevanz. Die in einer Begründung angeführten Gründe müssen für die These einschlägig sein. Achtung! Ob eine vorgeschlagene Begründung für eine These relevant ist, ist nicht immer eindeutig und unstrittig festgelegt.

Tipp 4: Achten Sie darauf, ob die Begründung ausreichend stark ist: Wird eine sehr allgemeine, weitreichende These aufgestellt, dann muss die Begründung ebenso allgemein und weitreichend sein.

Tipp 5: Achten Sie auf die Richtigkeit der Gründe. Eine Tatsachenbehauptung ist als Grund nur akzeptabel, wenn wir sie auch für zutreffend halten, eine Forderung ist als Grund nur akzeptabel, wenn wir sie auch für gerechtfertigt halten.

Tipp 6: Irrelevanz hat die Funktion einer Ausschlussregel: Sie legt fest, welcher Aspekt für die Beurteilung einer strittigen These keine Rolle spielt.

Tipp 7: Achten Sie auf Ausgewogenheit bei der Beurteilung, welche Art von Informationen zu einem Thema vorliegen. Für die Beurteilung von *Argumentationen* hingegen ist Ausgewogenheit kein universell anwendbares Beurteilungskriterium.

Tipp 8: Achten Sie bei Argumentationen mit mehreren konkurrierenden Thesen darauf, welcher Seite die Begründungslast zukommt. Entscheidend dafür ist unter anderem, welche These stärker vom allgemeinen Konsens abweicht bzw. welche Handlung stärker in den bestehenden Zustand eingreift.

Kapitel 6
Vorsicht Falle!
Argumentationsfehler, Problemfälle und kritische Fragen

Übersicht:

1. Falsche Ansprüche und Erwartungen
2. Mangelnde Unterscheidung
3. Tabus: Vergleiche, Totschlagargumente und Verschwörungstheorien
4. Zur Glaubwürdigkeit von Autoritäten und Experten
5. Problematische Begründungsmuster und kritische Fragen

► 10 praktische Tipps auf einen Blick:
Argumentationsfehler erkennen

1. Falsche Ansprüche und Erwartungen

Gar nicht selten wird in einer Diskussion der Vorwurf erhoben, jemand hätte einen Fehler beim Argumentieren begangen. Ein solcher Vorwurf wiegt schwer und ist ein sehr ernst zu nehmender Einwand in einer Diskussion: „Da verlassen Sie sich aber auf eine ganz und gar trügerische Logik, wenn Sie meinen, dass ..." oder „im Umkehrschluss hätte dies die absurde Konsequenz ...". Der Vorwurf lautet nicht, dass man sich lediglich in der Einschätzung einer bestimmten konkreten Faktenfrage getäuscht hätte, sondern dass man beim Argumentieren selbst einen Fehler begangen hätte. So, als wäre man beim Rechnen einem falschen Lösungsweg gefolgt oder als hätte man bei einer kriminalistischen Schlussfolgerung eine wichtige Regel nicht beachtet.

In der Praxis sind Argumentationsfehler allerdings oftmals genauso umstritten wie der Inhalt der Diskussion selbst. Was dem einen als Fehler erscheint, ist für den anderen ein legitimer Zug beim Argumentieren; und was die eine als berechtigten Einwand ansieht, erscheint der anderen als Ablenkungsmanöver, Trugschluss oder Scheinargument. Nicht jede Begründung ist stichhaltig, aber auch nicht jeder Einwand ist triftig. Auch die Kritikerin kann einen Fehler begehen, auch der Vorwurf des Argumentationsfehlers kann unberechtigt sein.

Umso wichtiger ist es, sich darüber klar zu werden und zu verständigen, was als Argumentationsfehler zu werten ist und was nicht. Doch ausgerechnet diese Frage scheint der schwierigste und komplizierteste Aspekt am Argumentieren überhaupt zu sein. In der akademischen Forschung gibt es darüber seit langem eine rege Auseinandersetzung, die viele unterschiedliche Ansätze hervorgebracht hat und bis heute nicht abgeschlossen ist. Das gilt sowohl für die philosophische als auch für die rhetorische Argumentationsforschung. Über nichts sind sich die Gelehrten so uneinig wie über Argumentationsfehler. Fest steht nur eines: Man kann eine ganze Menge falsch machen beim Argumentieren.

Einer der Hauptfehler beim Argumentieren besteht darin, falsche Ansprüche und Erwartungen damit zu verbinden. Einerseits sind die Ansprüche oft zu hoch. Wenn in einer Diskussion behauptet wird, ein Standpunkt sei „absolut unhaltbar" oder „eindeutig widerlegt", so ist dies meistens genauso übertrieben wie die gegenteilige Versicherung, an einer Behauptung könne „gar kein Zweifel bestehen" oder es sei „eindeutig bewiesen", dass dies so sei und keinesfalls anders. Ob der Neubau eines Großflughafens am Stadtrand wirklich erforderlich ist, lässt sich nicht mit absoluter Objektivität und Bestimmtheit sagen. Hier gibt es kein „bewiesen" oder „widerlegt", sondern nur ein „wurde sorgfältig in einem korrekt durchgeführten Planfeststellungsverfahren erwogen". Wer mehr behauptet, würde zuviel behaupten.

Tipp 1: Vermeiden Sie falsche Ansprüche und Erwartungen. Versuchen Sie, das Ergebnis einer Argumentation ehrlich und realistisch einzuschätzen.

Meistens jedoch sind solche Beteuerungen, dass ein Standpunkt eindeutig bewiesen oder widerlegt worden sei, nicht wirklich aufrichtig gemeint. Sie sollen in erster Linie den Diskussionsgegner verunsichern und den Eindruck vermitteln, ein unabhängiger Richter mit absoluter Weisungsbefugnis hätte die Argumentation bereits ausgewertet und mit der Macht seiner Autorität beurteilt. Ein Kontrahent jedoch, der die Autorität des Richters anzweifelt, kann über eine derart überhebliche Gebärde nur den Kopf schütteln.

Andererseits sind die Ansprüche an eine Argumentation oft auch zu niedrig. Eine Auseinandersetzung, die nur dazu dient, dass sich die Gesprächspartner in Szene setzen können, ist keine Argumentation, sondern eine Theatervorstellung (und oft nicht einmal eine gute). Eine Argumentation ist dazu da, dass eine Streitfrage geklärt und vielleicht sogar entschieden wird. Man sollte sich möglichst daran orientieren, die Argumentation als Beweis- und Prüfverfahren mit eindeutigen Bewertungsstandards zu verstehen.

Versteht man eine Argumentation als Beweis- und Prüfverfahren, lassen sich darauf die im letzten Kapitel geschilderten Bewertungsmaßstäbe anwenden. Es ist dann eine legitime Erwartung an eine Argumentation, dass sie widerspruchsfrei und nicht zirkulär ist, dass die angegebenen Gründe relevant, ausreichend stark und außerdem zutreffend beziehungsweise gerechtfertigt sind. Wie wir gesehen haben, sind dafür in manchen Fällen eine ganze Menge Vorarbeiten nötig. Um eine Argumentation überhaupt ordentlich beurteilen zu können, muss man sie zuvor klar formuliert und strukturiert haben, Argumentationslücken und die entsprechenden Ergänzungsvorschläge ausgearbeitet haben, alle Fachausdrücke geklärt, alle versteckten wertenden Ausdrücke getilgt und neutralisiert haben. Das bedeutet oft eine ganz gehörige Portion Arbeit. Und selbst dann bleiben noch genügend Fälle übrig, bei denen es umstritten bleibt, wie die Argumentation zu bewerten ist. Ein erheblicher Ermessensspielraum bleibt insbesondere, wie wir gesehen haben, bei dem Bewertungsmaßstab der Relevanz.

Es gehört in jedem Falle zur Aufrichtigkeit und Redlichkeit, das Ergebnis einer Argumentation angemessen zu würdigen. Zu behaupten, ein Beweis wurde erbracht, wenn tatsächlich keiner erbracht wurde, ist genauso unredlich wie zu versichern, ein Standpunkt wurde widerlegt, wenn er in Wirklichkeit nicht widerlegt wurde. Im Grunde genommen könnte man den falschen Anspruch auch so formulieren: Obgleich die Begründung in Wirklichkeit nicht ausreicht, um den hohen Anspruch eines echten Beweises zu erfüllen, wird doch oft so getan, als sei die Begründung dafür ausreichend. Dies ist ein Fehler, und es ist ein sehr ernsthafter und leider auch sehr verbreiteter Fehler beim Argumentieren.

2. Mangelnde Unterscheidung

Außer überhöhten oder auch zu niedrigen Ansprüchen gibt es noch eine ganze Reihe weiterer Fehler beim Argumentieren. Eine ebenfalls sehr verbreitete Fehlerquelle besteht darin, dass man beim Argumentieren nicht differenziert genug vorgeht und es daher zu Verwechslungen kommt. Besonders häufig und folgenreich ist das irrtümliche Gleichsetzen von Erklären und Begründen beziehungsweise Rechtfertigen. Oft werden Erklärungen fälschlicherweise für Begründungen oder Rechtfertigungen gehalten. Die zweite Art von mangelnder Unterscheidung ist mindestens ebenso folgenreich und betrifft den Unterschied zwischen rein beschreibenden Sachaussagen auf der einen Seite und Bewertungen, also Empfehlungen, Ratschlägen, Geboten und Verboten auf der anderen Seite. Hinzu kommt noch eine dritte Art, die Verwechslung von Behaupten und Handeln. Diese dritte Form der Verwechslung taucht besonders dann auf, wenn der Vorwurf der Inkonsequenz erhoben wird.

Aber der Reihe nach. Beginnen wir mit dem uns bereits aus dem ersten Kapitel bekannten Unterschied zwischen Begründen und Erklären.

1. Begründen und Erklären. Eine Erklärung erklärt. Sie gibt an, wie es zu einem bestimmten Ereignis, einem Hergang oder einer Entwicklung gekommen ist, und macht diese damit verständlich. Wir erinnern uns: Wasser kocht bei etwa hundert Grad Celsius, weil... und hier folgt dann gewöhnlich die Erklärung.

Ein Ereignis oder einen Vorgang erklären zu können, ist oftmals ein großer Vorteil und von beträchtlichem Wert. Es ist immer gut, über Erklärungen zu verfügen, denn es zeigt, dass wir Ereignisse in Zusammenhänge und Ursache-Wirkung-Beziehungen einordnen können und dadurch besser verstehen. Das gilt für jede Art von Einsicht, sogar für die Einsicht in den eigenen Irrtum. „Ah, jetzt weiß ich, warum ich Frau Meier immer mit Frau Schulze verwechselt habe – beide haben halblange gelockte rot gefärbte Haare und sehen sich daher sehr ähnlich.“ Die Ähnlichkeit zwischen zwei Personen oder Dingen ist tatsächlich eine gute Erklärung dafür, dass wir sie verwechselt haben. Wenn wir bemerken, dass wir uns bei der Beurteilung einer Sache geirrt haben, ist das an sich schon mal besser, als wenn wir an der falschen Idee weiterhin festhalten; wenn wir diesen Irrtum dann auch noch erklären können, noch besser.

Eine Erklärung erklärt, aber sie begründet nicht und sie rechtfertigt auch nicht. Dazu ein Beispiel. „Ich gebe zu, ich habe mich schlecht verhalten, aber ich hatte an diesem Tag viel Stress und außerdem einiges getrunken.“ Die angeführten Faktoren Stress und Alkohol geben zwar eine Erklärung für das Verhalten, sie liefern jedoch keine Rechtfertigung. Das Verhalten ist schlecht und es bleibt schlecht, es ist höchstens verständlicher geworden. Man kann sich mit einer Erklärung nicht wirklich entschuldigen.

Manche meinen dennoch, dass es reicht, sich auf einen Ursache-Wirkung-Zusammenhang, eine Tradition, eine Entwicklung oder einen Hergang zu berufen, um eine Behauptung begründen zu können. „Unsere ganze menschliche Moral ist letztlich nur dafür da, um das Überleben der biologischen Art zu sichern. So ist sie entstanden, und das ist ihr Zweck.“ Es mag sein, dass die Moral so entstanden ist, aber dass das auch ihr Zweck ist, ist eine Behauptung, die strittig sein kann und erst noch begründet werden müsste. Diese Begründung leistet die Erklärung nicht. Ein weiteres Beispiel. „Uns Mitteleuropäern mag die Genitalbeschneidung bei afrikanischen Frauen vielleicht grausam erscheinen. Doch wir vergessen dabei oftmals, dass diese Praktiken eine lange Tradition haben und sich aus Stammesriten und religiösen Vorstellungen erklären lassen. Unsere europäisch geprägten Kulturvorstellungen passen einfach nicht auf die afrikanischen Verhältnisse. Wir haben daher auch kein Recht, die Genitalbeschneidung zu kritisieren.“ Stammesriten und religiöse Vorstellungen mögen eine Erklärung für die Praktik der Genitalbeschneidung abgeben, sie liefern jedoch keine Begründung geschweige eine Rechtfertigung.

Tipp 2: Beachten Sie den Unterschied zwischen Begründungen und Erklärungen. Eine strittige Behauptung oder eine problematische Forderung erfordern eine Begründung beziehungsweise Rechtfertigung. Eine Erklärung reicht dafür nicht aus.

Die Verwechslung von Erklärung und Begründung beziehungsweise Rechtfertigung ist weit verbreitet. Dennoch: Erklärungen sind keine Begründungen und auch kein gleichwertiger Ersatz für Begründungen. Die Strittigkeit einer Behauptung wird mit einer Erklärung nicht beseitigt. Wer auf eine strittige These mit einer Erklärung anstatt mit einer Begründung zu antworten versucht, geht der Strittigkeit nur aus dem Weg und demonstriert damit, dass er die Strittigkeit der These entweder nicht einsieht oder nicht wirklich ernst nimmt.

2. Sachaussagen und Wertaussagen. Ein weiterer, mindestens ebenso folgenschwerer Argumentationsfehler besteht darin, nicht ausreichend zwischen rein beschreibenden Sachaussagen auf der einen Seite und Bewertungen, Empfehlungen, Ratschlägen, Geboten und Verboten auf der anderen Seite zu unterscheiden.

Die Aussage „Der Nationalsozialismus in Deutschland dauerte von 1933 bis 1945“ ist eine reine Tatsachenaussage, in der Aussage „der Nationalsozialismus war ein Unrechtsregime“ steckt hingegen eine Bewertung. Die Aussage „Rot ist eine Farbe“ ist wertfrei, die Aussage „rot ist eine schöne Farbe“ ist wertend. Auch Forderungen, Empfehlungen, Ratschläge, Gebote oder Verbote sind keine reinen Sachaussagen. Die Forderung „Sag' die Wahrheit!“ oder der Ratschlag „Man sollte möglichst die Wahrheit sagen“ lassen sich in Wertaussagen übersetzen: „Es ist gut oder richtig oder gerechtfertigt oder erstrebenswert, die Wahrheit zu sagen.“ Aussagen, die entweder selbst Wertungen sind oder sich in Wertungen übersetzen lassen, sind keine reinen Sachaussagen und sollten daher von reinen Sachaussagen sorgsam unterschieden werden.

Manche Kritiker meinen, dass man sich beim Argumentieren und insbesondere beim Kritisieren eines Standpunktes tunlichst auf die Sachaussagen beschränken sollte. Eine Kritik an der Institution der katholischen Kirche beispielsweise sei viel überzeugender, wenn man nüchtern all die historischen Ereignisse und Konsequenzen der Hexenverfolgung aufzählt und mit historischen Fakten und Zahlen belegt. Derartige Belege würden für sich sprechen und seien ein viel beredteres Zeugnis gegen die katholische Kirche als alle emotionalen Bewertungen und emphatischen Appelle.

Die Haltung hat durchaus etwas für sich. Als Diskussionsstrategie mag sie effektiv und erfolgreich sein, wenngleich die Strategie in diesem speziellen Fall nicht gegen die katholische Kirche als Ganze, so doch zumindest gegen die Hexenverfolgung überzeugt. Richtig ist, dass gefühlsbetonte Appelle, also *Ad-misericordiam*-Argumente, nur wenig argumentatives Gewicht haben. Insofern ist es tatsächlich überzeugender, wenn man sich auf „harte Fakten“ berufen und sich damit zugleich als gut informierte Kritikerin ausweisen kann.

Doch Tatsachenaussagen allein ergeben noch keine Bewertung. Die reine Tatsachenaussage, dass der Hexenwahn in Mitteleuropa in der Hochzeit der Verfolgungen zwischen 1430 und 1700 unserer Zeitrechnung nach verschiedenen Schätzungen bis zu 80.000 Menschen das Leben gekostet hat, besagt eben dies: Dass der Hexenwahn in Mitteleuropa in der Hochzeit zwischen 1430 und 1700 unserer Zeitrechnung nach verschiedenen Schätzungen bis zu 80.000 Menschen das Leben gekostet hat. Mehr nicht. Dass dies eine furchtbare und grausame Tragödie riesigen Ausmaßes ist, dass die Ermordeten unschuldig waren und ihr

Tod ungerechtfertigt, dass die Hexenverfolgung mit Boshaftigkeit und Grausamkeit, aber auch aus durchaus ernst gemeintem religiösen Eifer betrieben wurde und dass die katholische Kirche sich an den Toten unrechtmäßig bereichert hat, all dies sind Bewertungen, die in der reinen Tatsachenaussage nicht drin stecken.

Eine Begründung, die ausschließlich aus reinen Tatsachenaussagen bestünde, würde nicht ausreichen, um die These zu stützen, die katholische Kirche habe durch die Hexenprozesse Schuld auf sich geladen. In der Tatsachenaussage über die Zahl der Ermordeten kommt das Wort „Schuld" und die damit verbundene Bewertung ja gar nicht vor. Wer für eine wertende These argumentieren möchte, sich bei der Begründung jedoch bewertender Einschätzungen enthält, der mogelt. Entweder er muss die vorläufig verschwiegenen Bewertungen später nachholen, oder er spekuliert darauf, dass der Gesprächspartner dies selbstständig im Geiste tut. In jedem Fall wäre es aufrichtiger und redlicher, die Wertaussage in der Begründung nicht zu verschweigen, sondern sie darin explizit zu nennen.

Tipp 3: Beachten Sie den Unterschied zwischen Sachaussagen und Bewertungen. Jede strittige These, die eine Wertung, Empfehlung, Verpflichtung, ein Gebot oder Verbot ausdrückt, kann nur durch eine Begründung gestützt werden, die ebenfalls mindestens eine wertende Aussage enthält; jede problematische Handlung braucht zur Rechtfertigung mindestens eine wertende Aussage.

Eine These, in der eine Bewertung, Empfehlung oder moralische Verpflichtung ausgesprochen wird, braucht zur Begründung mindestens eine wertende Aussage. Oft wird die wertende Aussage als so selbstverständlich empfunden, dass man meint, sie weggelassen zu können. Trotzdem gehört sie streng genommen zur Argumentation. Ohne sie bleibt die Argumentation unvollständig und ist damit für sich betrachtet nicht ausreichend, also nicht stichhaltig. Betrachten wir das Beispiel:

„Die katholische Kirche hat furchtbare Schuld auf sich geladen, denn die von ihr initiierten Hexenprozesse haben 80.000 Menschen das Leben gekostet."

Wir formulieren in der Standardform:

[1] Die von der katholischen Kirche initiierten Hexenprozesse haben 80.000 Menschen das Leben gekostet.

[T] Die katholische Kirche hat furchtbare Schuld auf sich geladen.

In der Standardform wird die Lücke und die notwendige Ergänzung sogleich sichtbar: Es fehlt die bewertende Aussage, dass die Verursachung des Todes von 80.000 Menschen eine furchtbare Schuld darstellt:

Sachaussage: [1] Die von der katholischen Kirche initiierten Hexenprozesse haben 80.000 Menschen das Leben gekostet.

implizite Wertung: [2] Die Verursachung des Todes von 80.000 Menschen stellt eine furchtbare Schuld dar.

Forderung: [T] Die katholische Kirche hat furchtbare Schuld auf sich geladen.

Wir lesen die implizite Wertung fast automatisch in die Sachaussage mit hinein – tatsächlich steckt sie aber nicht darin! Dies wird klar, wenn mit derselben Sachaussage eine andere These begründet werden soll:

[1] Die von der katholischen Kirche initiierten Hexenprozesse haben 80.000 Menschen das Leben gekostet.

[T] Dank der katholischen Kirche wurde etwa 80.000 Ketzern die Möglichkeit gegeben, ihre Sünden zu bereuen. Die Ketzer starben daraufhin einen Gnadentod.

Hier wäre eine ganz andere implizite Wertung zu ergänzen, nämlich eine Wertung, dass die Verursachung des Todes von 80.000 Menschen eine Gnadentat darstellt.

Die Begründung ist kaum überzeugend, denn hier läge eine große Begründungslast auf derjenigen Seite, die einen 80.000-fachen „Gnadentod" zu rechtfertigen versucht. Entscheidend ist jedoch, dass in einer reinen Tatsachenaussage keine Wertung enthalten ist, auch wenn sie oftmals hineingelesen wird. Es ist in jedem Fall redlicher, die Wertaussage explizit in die Begründung mit aufzunehmen.

3. Behaupten und Handeln. Eine dritte Art von Fehler kommt oft im Zusammenhang des Vorwurfs der Inkonsequenz vor. Dazu ein Beispiel: „Von Ihnen lasse ich mir gar nichts sagen! Auf der einen Seite verkünden Sie hier, dass Rauchen gesundheitsschädlich ist, und dann zünden Sie sich selbst eine an. Sie sind doch total inkonsequent!"

Ist das konkrete praktische Handeln, also das Rauchen in einer bestimmten Situation, eigentlich relevant für eine theoretische Behauptung, nämlich dass Rauchen gesundheitsschädlich ist? Eigentlich nicht. Richtig ist, dass die Person, die erst so vollmundig von der Gesundheitsschädlichkeit spricht und dann ihrer eigenen Empfehlung nicht folgt, entweder die Empfehlung nicht besonders ernst meint oder willensschwach ist. Beides bezeichnen wir gewöhnlich als inkonsequent. Trotzdem ändert das nichts daran, dass Rauchen gesundheitsschädlich ist. Die sachliche Behauptung bleibt richtig, auch wenn der, der sie äußert, in dem Augenblick der Äußerung selbst dagegen verstößt.

Inkonsequentes Verhalten macht uns stutzig. „Probieren Sie doch bitte einmal diese selbst gemachte Pilzsuppe! Sie ist ganz frisch und bestimmt bekömmlich, sicher nicht giftig. Ich selbst möchte sie allerdings nicht kosten..." Wenn jemand die Pilzsuppe generell empfiehlt, dann gilt diese Empfehlung doch auch für ihn selbst. Warum hält er sich nicht daran? Kann es sein, dass derjenige einfach keine Pilzsuppe mag? Das wäre eine Möglichkeit. „Nehmen Sie doch den Fallschirm vom linken Stapel, ist ein deutsches Fabrikat, sehr zuverlässig. Ich selbst nehme lieber einen vom rechten Stapel..." Könnte es sein, dass er die Fallschirme vom linken Stapel nicht benutzen möchte, weil sie blau sind und er Blau abscheulich findet? Theoretisch wäre auch das möglich. Allerdings hätten wir Zweifel, ob die Farbe ein entscheidender Grund sein kann, einen bestimmten Fallschirm nicht zu benutzen. Wir befürchten, dass das inkonsequente Verhalten einen anderen Grund hat: Vielleicht ist der Fallschirm doch nicht so zuverlässig? Inkonsequentes Verhalten kann ein Grund sein, einer Person zu misstrauen. Auch das ist jedoch nicht zwingend.

Für die Beurteilung der Behauptung selbst ist Inkonsequenz allerdings irrelevant. Rauchen ist gesundheitsschädlich, auch wenn der, der dies behauptet, inkonsequent ist. Diese Pilzsuppe kann durchaus frisch und ungiftig sein, selbst wenn der, der sie anbietet, nicht davon essen mag. Vegetarismus ist eine Art der Ernährung, bei der das Leben von Tieren geschont wird, selbst wenn diese Ernährung von Adolf Hitler empfohlen worden wäre. Daran ändert sich übrigens auch nichts, wenn Vegetarismus von Mahatma Gandhi empfohlen worden wäre. Die Tatsache, dass Gandhi ein Vorbild und Hitler ein abschreckendes Beispiel ist, entbindet uns nicht von der Verpflichtung, den sachlichen Kern einer Behauptung genau zu prüfen. Ob eine Behauptung stimmt, sollte nicht davon abhängig gemacht werden, welche Person sie auf welche Weise vertritt. Dies ent-

Tipp 4: Beachten Sie den Unterschied zwischen der Glaubwürdigkeit und Charakterstärke einer Person einerseits und der Beurteilung einer Behauptung andererseits. Inkonsequentes Verhalten ist kein ausreichender Grund, um an der Wahrheit einer Behauptung zu zweifeln.

spricht im Kern einer bereits mehrfach erwähnten Forderung: der Zurückweisung von *Ad-hominem*-Argumenten.

In den allermeisten Fällen ist die Inkonsequenz eines Menschen kein ausreichender Grund, um dessen Aussagen, Behauptungen und Meinungen für falsch zu halten, wohl aber Grund genug, an dessen Charakterstärke zu zweifeln. Umgekehrt ist die konsequente Haltung eines Menschen vielleicht charakterlich bewundernswert, für sich genommen jedoch kein ausreichender Grund, um dessen Ansichten und Meinungen für wahr oder akzeptabel zu halten. Bei inkonsequentem Verhalten sollten wir nicht an der Wahrheit der Aussage zweifeln, sondern der Wahrhaftigkeit der Person misstrauen.

3. Tabus: Vergleiche, Totschlagargumente und Verschwörungstheorien

Argumentationsfehler können auch in Form von unfairen Taktiken in Diskussionen auftreten. Es gibt unzählige solcher Taktiken. Besonders tückisch ist das Setzen von Tabus, also das Aufstellen von bestimmten Verbotszonen. Für Argumentationen ist es daher besonders wichtig, Tabus möglichst frühzeitig zu erkennen und ungerechtfertigte Tabus zurückzuweisen. Drei besonders hinterhältige Taktiken beim Setzen von Tabus sollen im Folgenden etwas ausführlicher besprochen werden: erstens ein falsches Verständnis von Vergleichen, zweitens die berüchtigten Totschlagargumente und drittens die nicht minder berüchtigten Verschwörungstheorien.

1. Vergleiche. Im Januar 2005 hatte die Zahl der Arbeitslosen die Fünf-Millionen-Grenze überschritten. Die Nachrichtenagentur AFP meldete daraufhin, dies sei die höchste Arbeitslosigkeit seit siebzig Jahren; 1932 sei die Zahl der Arbeitslosen noch höher gewesen. Ein Rundfunkkommentator meinte daraufhin, ein solcher Vergleich sei „geschichtsvergessen“. – Warum eigentlich?

Im September 2002 hatte die damalige Bundesjustizministerin Herta Däubler-Gmelin bei einem Treffen von Gewerkschaftern in Tübingen einen Vortrag zur Globalisierung der Arbeitswelt gehalten. Anschließend war es zu einer hitzigen Diskussion gekommen. Am nächsten Tag berichtete der Redakteur Michael Hahn von der Veranstaltung im *Schwäbischen Tagblatt*. Laut Hahn soll Däubler-Gmelin dabei über die Irak-Politik des US-Präsidenten Georg W. Bush gesagt haben, Bush wolle von seinen innenpolitischen Schwierigkeiten ablenken, das sei eine beliebte Methode und das habe auch Hitler schon gemacht. Hoppla... War das etwa ein Vergleich? Oder doch nicht? Und was wäre überhaupt schlimm an einem Vergleich gewesen? Frau Däubler-Gmelin wurde überaus heftig gerügt und angegriffen und ist schließlich als Bundesjustizministerin zurücktreten. Ein Vergleich kann ein Rücktrittsgrund sein. – War das gerechtfertigt?

1980 vertrat der Historiker Ernst Nolte die These, dass die historische Aufarbeitung der Epoche des Nationalsozialismus noch immer von zahlreichen Tabus umgeben und behindert werde. Die nationalsozialistische Diktatur sei derartig vielschichtig und komplex, dass man das ganze Phänomen, zumindest einen Großteil seiner vielfältigen Aspekte, nicht ausreichend verstehen und beurteilen könne, wenn man sich beharrlich weigere, den Nationalsozialismus in einen historischen Kontext einzuordnen und zu vergleichen. Zu dieser Grundthese kamen dann noch viele weitere inhaltliche Thesen hinzu, die von Fachkollegen und anderen Wissenschaftlern und Intellektuellen zum Teil sehr scharf kritisiert wurden. Die Kontroverse wuchs sich aus zu einem regelrechten „Historikerstreit“. Ein wesentlicher, oft nur unterschwelliger Vorwurf richtete sich dabei jedoch vor allem gegen die Grundthese von der Notwendigkeit eines Vergleichens: Ist der Nationalsozialismus nicht an sich ein einmaliges Ereignis, das man mit anderen Diktaturen gar nicht vergleichen kann? Würde ein Vergleich nicht zwangsläufig auch eine Relativierung der Verbrechen und Schuld bedeuten? Darf man hier eigentlich überhaupt einen Vergleich anstellen?

Alle drei Fälle führen auf eine gemeinsame Frage: Was ist eigentlich ein Vergleich, und warum werden manche Vergleiche als so empörend empfunden? Versuchen wir einmal, etwas genauer zu beschreiben, was ein Vergleich eigentlich ist. Gewöhnlich besteht ein Vergleich aus drei Elementen:

- eine Untersuchung, der Vergleich, wird durchgeführt,
- dabei wird ein Vergleichsmaßstab angelegt und
- es gibt ein Ergebnis dieser Untersuchung, das bestimmte Ähnlichkeiten oder Unterschiede herausstellt.

Dazu ein Beispiel. „Ein Vergleich beider Automodelle zeigt, dass die neue ESS-Klasse der alten TEE-Serie hinsichtlich Fahrverhalten, Komfort und Sicherheit bei weitem überlegen ist.“ Die Untersuchung besteht im Vergleichen zweier Automodelle, der Vergleichsmaßstab umfasst Fahrverhalten, Komfort und Sicherheit, das Ergebnis ist die Überlegenheit der neuen ESS-Klasse gegenüber der alten Serie. Dieser Vergleich umfasst also alle drei Elemente eines Vergleichs.

Das Wesentliche am Vergleich besteht hierbei im Vergleichen, also in der Durchführung der Untersuchung. Im Prinzip kann dabei alles mit allem verglichen werden, jede Art von Vergleichen ist zulässig. Trotzdem wird natürlich nicht immer alles mit allem verglichen. Eine Untersuchung erfolgt immer gezielt auf einen Vergleichsmaßstab hin. Untersucht wird nicht blind, sondern mit Bezug auf ein bestimmtes interessantes Merkmal. Es gibt also keine verbotenen, höchstens uninteressante oder unergiebige Vergleiche: „Ein Vergleich von Schülerinnen in Tokio mit neuseeländischen Äpfeln hat keine nennenswerten Ähnlichkeiten erbracht.“ Das wäre natürlich Unsinn. Ziel der Untersuchung ist die Feststellung, ob und gegebenenfalls welche Eigenschaften die untersuchten Dinge gemeinsam haben beziehungsweise worin sie sich unterscheiden. Das Ergebnis der Untersuchung ist offen. Soweit das wissenschaftliche Verständnis eines Vergleichs als unvoreingenommene Untersuchung.

Neuerdings wird ein Vergleich jedoch zunehmend in einer speziellen, sehr stark eingeschränkten Bedeutung verstanden. Es geht nicht mehr um eine vergleichende Untersuchung, sondern nur noch um das Ergebnis der Untersuchung. Nach diesem Verständnis ist das Wesentliche des Vergleichs das Ergebnis, also die Behauptung einer Ähnlichkeit beziehungsweise eines Unterschieds. Dazu wieder ein Beispiel: „Das alte und das neue Modell sind durchaus miteinander vergleichbar“ oder „Die beiden Dinge sind doch so unterschiedlich, die kann man doch gar nicht miteinander vergleichen!“

Wenn man nicht mehr an der Untersuchung selbst, sondern nur noch an dem Ergebnis der Untersuchung interessiert ist, kann es schnell zum Streit kommen: „Du kannst doch die Verbrechen der DDR-Regierung gar nicht mit denen des Nazi-Regimes vergleichen!“ Wenn Vergleichen einfach soviel heißt wie „unvoreingenommen untersuchen“, dann kann man die Verbrechen der DDR-Regierung sehr wohl mit denen des Nazi-Regimes vergleichen. Ein Vergleich wäre nicht nur zulässig, sondern wahrscheinlich sogar sehr aufschlussreich. Wenn aber nur das Ergebnis zählt und vergleichen soviel heißt wie „ist gleich“ oder „hat große Ähnlichkeit“, dann ist die Behauptung über die Ähnlichkeit der

---

Tipp 5: Ein Vergleich sollte als unvoreingenommene Untersuchung verstanden werden, deren Ergebnis offen ist. Für Vergleiche dürfen keine Tabus gelten. Es ist prinzipiell immer zulässig, alles mit allem zu vergleichen.

Verbrechen beider Staaten in der Tat sehr strittig. Vergleichen heißt dann „gegeneinander aufrechnen“, „auf die gleiche Weise bewerten“, „behaupten, beide seien gleichviel wert, gleich gut, gleich schlimm, gleich schlecht“.

In der eingeschränkten Bedeutung von „Vergleich“ ist ein Vergleich automatisch negativ, wenn das Vergleichsergebnis negativ ist. Das Ergebnis färbt sozusagen auf die Untersuchung selbst ab. Und aus dem „nicht vergleichen können“ kann dann sehr schnell ein „nicht vergleichen dürfen“ werden: „Du *darfst* doch die Verbrechen der DDR-Regierung nicht mit denen des Nazi-Regimes vergleichen!“ Schon ist das Tabu da! Eine unvoreingenommene Untersuchung ist damit nicht mehr möglich, bestimmte Vergleiche sind dann einfach tabu.

Herr Nolte, Frau Däubler-Gmelin und die Nachrichtenagentur AFP hatten sich mit ihren Äußerungen noch auf den umfassenderen Vergleichsbegriff – Vergleich als Untersuchung – bezogen. Sie waren deshalb davon ausgegangen, dass ein Vergleichen immer möglich und zulässig sei. Doch leider wird der Vergleichsbegriff zunehmend nur noch in der eingeschränkten Bedeutung – Vergleich als Ergebnis der Untersuchung – verwendet. Darum wurden ihre „Vergleiche“ als so empörend empfunden.

Das ist natürlich nicht richtig. Es kann aber leider eine sehr bequeme und effiziente Art sein, Tabus zu setzen und möglicherweise sogar unliebsame Personen zu diskreditieren.

2. Totschlagargumente. Ein weiteres beliebtes Spiel mit dem Tabu ist das berüchtigte Totschlagargument. Totschlagargumente haben oft die Form einer rhetorischen Frage: „Sie wollen doch nicht etwa ernsthaft bezweifeln, dass der Mord an sechs Millionen Juden ein für alle Zeit absolut einzigartiges historisches Verbrechen ist?!“ „Wollen Sie etwa die freiheitlich-demokratische Grundordnung in Frage stellen?!“ Die Antwort auf die Frage erübrigt sich, der Diskussionspartner ist bereits von der Frage geradezu „erschlagen“.

Tipp 6: Misstrauen Sie Totschlagargumenten. Totschlagargumente sind entweder unredliche Unterstellungen oder Begründungen mit sehr hohem Anspruch, die ihre eigene Strittigkeit zu kaschieren versuchen.

Das Totschlagargument ist besonders hinterhältig, denn es segelt unter falscher Flagge. In Wirklichkeit handelt es sich nämlich in den allermeisten Fällen gar nicht um ein Argument, sondern um eine bloße Unterstellung. Totschlagargumente sind unredliche Unterstellungen, die den Diskussionspartner nicht überzeugen, sondern einfach nur mundtot machen sollen. Ein Totschlagargument ist ein Zwangsmittel, gewissermaßen eine „Freiheitsberaubung“, und keine Begründung.

Charakteristisch an Totschlagargumenten ist, dass zunächst eine Überzeugung formuliert wird, die mit dem Anspruch auftritt, dass man sie unbedingt akzeptieren muss und dass sich ihr niemand entziehen kann. Ein Bezweifeln dieser Überzeugung käme einem Tabubruch gleich. Die Unterstellung des Totschlagarguments lautet dann, dass der Diskussionsgegner genau diese Überzeugung bezweifelt und damit den Tabubruch begeht. Das löst Empörung aus und diskreditiert den Diskussionsgegner. Diskussion zu Ende, Gesprächspartner tot.

Abgesehen von dem Totschlagargument als reine Unterstellung gibt es auch einige Fälle, in denen ein Totschlagargument tatsächlich als Begründung gemeint ist. „Das Naturschutzgebiet muss weichen. Wir brauchen eine Industrieansiedlung, das schafft Arbeitsplätze.“ Die Begründung, die Industrieansiedlung schaffe Arbeitsplätze, scheint hier zu beanspruchen, dass jede weitere Diskussion überflüssig sei. Durch die Begründung sollen sich alle weiteren Einwände und Begründungen für eine mögliche Gegenthese erledigen, die Begründung soll alle Gegenargumente mit einem Mal ausstechen.

Damit wird jedoch zugleich die generelle Schwierigkeit von Totschlagargumenten deutlich: Ihr Anspruch ist viel zu hoch und mitnichten gerechtfertigt. Die Begründung unterstellt, dass es ein Ziel gibt, dem alles andere unterzuordnen ist. Diese Unterstellung ist jedoch mindestens ebenso strittig wie die ursprüngliche These und damit ungeeignet, die These ausreichend zu stützen.

Totschlagargumente sind also immer höchst problematisch. Entweder sie sind bloße Unterstellungen oder sie sind Begründungen mit sehr hohem Anspruch, die ihre eigene Strittigkeit zu kaschieren versuchen.

3. Verschwörungstheorien. Eine dritte Form des Umgangs mit einem Tabu entsteht bei der Aufstellung und Verwendung von Verschwörungstheorien. Verschwörungstheorien sind außerordentlich komplexe und schwer zu durchschauende, aber auch höchst interessante Gebilde. Wir alle kennen ein paar dieser seltsamen Konstruktionen: „Die Amerikaner wissen schon, warum sie ihre Archive unter Verschluss halten... Aber solche Ansichten darf man ja öffentlich gar nicht äußern! Dabei liegt es doch ganz klar auf der Hand, dass in Wirklichkeit längst Außerirdische die Weltherrschaft übernommen haben, doch wir erfahren nichts davon, weil es vom amerikanischen Geheimdienst erfolgreich vertuscht worden ist..." Verschwörungstheorien sind verführerisch und schwer zu widerlegen. Manchmal sind es nur vage Andeutungen, manchmal sehr ausgewachsene und durchdachte komplexe Behauptungen. Von manchen Menschen werden sie belächelt, von anderen bitter ernst genommen, von vielen ignoriert. Was verbirgt sich dahinter?

In Verschwörungstheorien greifen drei verschiedene Aspekte ineinander, alle drei haben mit dem Argumentieren zu tun und sind für das Argumentieren insgesamt sehr interessant und aufschlussreich. Erstens treten Verschwörungstheorien mit dem Anspruch auf, sehr weitreichende Erklärungen liefern zu können, zweitens verstehen sie sich als unterdrückte Minderheitsmeinung, die gegen Tabus ankämpft, und drittens berufen sie sich dabei auf das Begründungsmuster Nr. 6: „Nichtbewiesenheit des Gegenteils" (siehe Kapitel 3.5) und schieben so die Begründungslast auf ihren Diskussionsgegner. Das klingt sehr komplex – und ist es auch! Schauen wir uns diese bemerkenswerten Gebilde einmal aus der Nähe an.

Verschwörungstheorien erheben meist den Anspruch, sehr weitreichende Erklärungen zu liefern. Das macht sie so anziehend und reizvoll. Mit den Annahmen der Verschwörungstheorie lassen sich ganz verschiedene Ereignisse mit einem Mal in einen Zusammenhang bringen und damit endlich richtig verstehen und erklären. Verschwörungstheorien entsprechen jedoch nicht der Mehrheitsmeinung, sondern bilden eine Minderheitsmeinung. Die Annahmen der Verschwörungstheorie sind für die meisten Menschen unglaubwürdig. Hier setzen Verschwörungstheorien nun mit einer ganz speziellen Art von Erklärung an, nämlich mit einer Erklärung für die Unglaubwürdigkeit. Die Tatsache, dass nur eine ganz kleine Anzahl von Menschen die Annahmen der Verschwörungstheorie akzeptiert, wird dadurch erklärt, dass die Mehrzahl der Menschen von irgendeiner mächtigen Institution getäuscht wird oder sich Illusionen hingibt. Diese Erklärung ist bestimmt reizvoll. Wie wir jedoch wissen, ist eine Erklärung noch keine Begründung. Die Erklärung reicht nicht aus, um zu *begründen*, dass sich die Mehrzahl mit ihrer ablehnenden Haltung gegenüber den Annahmen der Verschwörungstheorie täuscht.

Die Verschwörungstheorie geht oft sogar noch weiter. Die gleiche mächtige Institution, die die Wahrheit geheim hält, tabuisiert auch die Verschwörungstheorie, und zwar aus dem gleichen Grund: damit die Bevölkerung nicht die Wahrheit erfährt. Ihrem eigenen Verständnis nach müssen Verschwörungstheorien deshalb beständig gegen unberechtigte

Tabus ankämpfen. Dieses Selbstbild erinnert an den Kampf von Robin Hood gegen einen übermächtigen Gegner.

Verschwörungstheorien stehen dabei unter einer besonderen Begründungslast. Wie wir bereits gesehen haben, liegt die Begründungslast ja stets auf derjenigen Seite, deren These strittiger ist und stärker vom allgemeinen Konsens abweicht, in diesem Fall also auf Seiten der Verschwörungstheorie. Das Charakteristische an Verschwörungstheorien ist nun, dass sie diese Begründungslast geschickt auf die Gegenseite abschieben, indem sie sich auf das „Begründungsmuster aus der Nichtbewiesenheit des Gegenteils" (siehe Kapitel 3.5) berufen: Die Annahmen der Verschwörungstheorie sind deswegen gut begründet, weil bisher kein absoluter Gegenbeweis erbracht werden konnte, der die Annahmen definitiv widerlegt hätte. Diese Begründung ist indirekt und sehr schwach, trotzdem aber wirkungsvoll. Das erinnert an den Kuckuck, der seine Eier anderen ins Nest legt.

Zusammengenommen greifen alle drei Aspekte kunstvoll ineinander und verstärken sich auf diese Weise: Die Annahmen der Verschwörungstheorie werden umso attraktiver, je stärker der Erklärungs-Effekt ist; der Einwand, die Verschwörungstheorie sei eine unglaubwürdige Minderheitsmeinung, wird entkräftet durch den Robin-Hood-Effekt und der Einwand, die Verschwörungstheorie würde die ihr zukommende Begründungslast nicht übernehmen, wird entkräftet durch den Kuckuck-Effekt in Verbindung mit dem Robin-Hood-Effekt und dem Erklärungs-Effekt. – Also wenn das nicht komplex ist!

Doch Vorsicht! Die bloße Tatsache, dass ein Geflecht von Annahmen und Behauptungen viel erklären kann, garantiert noch lange nicht, dass es auch plausibel ist. Die bloße Tatsache, dass eine Behauptung eine unterdrückte Minderheitsmeinung ist und mit einem Tabu bricht, garantiert ebenso wenig ihre Wahrheit. Schließlich ist auch der Hinweis darauf, dass die Gegenthese nicht definitiv bewiesen ist, nur eine schwache und indirekte Stütze für die Behauptung. Verschwörungstheorien sind nicht plausibel, auch wenn sie manchmal gekonnt diesen Anschein erwecken kön-

Tipp 7: Misstrauen Sie Verschwörungstheorien. Verschwörungstheorien sind reizvoll und attraktiv, weil sie viel erklären können und sich in der Position der unterdrückten Minderheitsmeinung darstellen. Tatsächlich aber benutzen sie einen Robin-Hood-Effekt und spielen mit dem Tabu. Sie verschieben die Begründungslast, bieten dafür jedoch nur eine indirekte und schwache Stützung für ihre Behauptungen.

nen. Sie basieren auf der Verwechslung von Erklärung und Begründung und nutzen geschickt den Robin-Hood-Effekt der scheinbar unterdrückten Minderheitsmeinung. Verschwörungstheorien spielen mit dem Tabu.

4. Zur Glaubwürdigkeit von Autoritäten und Experten

Es gibt Persönlichkeiten des privaten, vor allem aber des öffentlichen Lebens, denen ein gewisses Interesse und Respekt entgegen gebracht wird. Nachrichtensprecher und Journalistinnen, Sportlerinnen und Politiker, Schauspieler, Künstler und Schriftsteller, sie alle nehmen gerne zu Fragen des öffentlichen Interesses Stellung. Wir fragen sie, wir vertrauen ihnen. Sie prägen unsere Meinungen und Einstellungen in erheblichem Maße und gelten als Autoritäten. Ist das eigentlich gerechtfertigt?

Natürlich kann es eine positive Wirkung haben, wenn sich Prominente für einen guten Zweck einsetzen. Bekannte Schauspieler sprechen sich gegen Drogenmissbrauch aus, beliebte Sportler gegen Korruption, geachtete Komiker gegen Steuerhinterziehung. Die argumentative Kraft derartiger Äußerungen ist jedoch nicht höher als bei ganz normalen Menschen. Nur weil es ein Prominenter sagt, wird es dadurch nicht richtiger oder falscher. Sich zur Begründung einer These auf Prominentenmeinungen zu berufen, ist daher sehr problematisch. Natürlich spricht nichts dagegen, darauf hinzuweisen, dass man mit seiner Auffassung nicht alleine dasteht. Dies ist zweifellos ein schöner Schmuck für die eigene Auffassung. Aber das alleine ist noch keine Begründung. Abraham Lincoln, Mahatma Gandhi oder Mutter Teresa hatten eine besondere gesellschaftliche Stellung inne, über besonderes Wissen oder Insiderkenntnisse verfügten sie nicht.

> **Tipp 8:** Stützen Sie sich in Begründungen nicht auf die Ansichten von Prominenten. Prominente sind ganz gewöhnliche Menschen, die nicht mehr und nicht weniger von einer Sache verstehen als andere. Ihre Prominenz ist kein guter Grund dafür, ihnen eher zu glauben als anderen Menschen.

Das gilt selbst dann, wenn die Person prominent und zugleich in einem Fachgebiet ein anerkannter Experte ist. Albert Einstein zum Beispiel war Experte im Bereich Physik, wurde aber auch gerne als Autorität im Bereich gesellschaftlicher Moralvorstellungen angesprochen. Als Physiker kam Einstein zweifellos eine besondere Glaubwürdigkeit zu, als moralischer Mensch haben seine Behauptungen jedoch nicht mehr und nicht weniger Gewicht als die Behauptungen eines jeden anderen Menschen.

Anders dagegen verhält es sich mit der Glaubwürdigkeit von Experten zu Fragen ihres eigenen Sachgebietes.

Experten sind Fachleute, Wissenschaftlerinnen und Sachverständige, Spezialistinnen und Kenner, Lehrerinnen und Gelehrte, und als solche wichtige Informationsquellen unseres Wissens und unserer Kenntnisse. Sie verfassen Expertisen, Gutachten und Statistiken, veröffentlichen Untersuchungsberichte und Sachbücher, sie unterrichten an Schulen und Universitäten, sie beraten in Rechtsanwaltskanzleien und behandeln in Arztpraxen, sie geben telefonische Auskünfte und betreuen Archive. Expertenmeinungen üben einen großen Einfluss auf nahezu alle Bereiche unseres gesellschaftlichen Lebens aus. Experten prägen unsere Meinungen. Insofern ist es auch ganz natürlich, dass wir uns in besonderem Maße auf Expertenmeinungen beziehen, wenn wir unsere Ansichten zu begründen oder unsere Handlungen zu rechtfertigen versuchen. Auch hier stellt sich die Frage: Ist das eigentlich gerechtfertigt? Wie zuverlässig und glaubwürdig sind Expertenmeinungen?

Hierbei sollte man drei Aspekte unterscheiden, die sich in drei Fragen formulieren lassen:

1. Wie zuverlässig wurde das Expertenwissen übermittelt?
2. Wie zuverlässig ist die fachliche Kompetenz des Experten?
3. Wie glaubwürdig ist die persönliche Integrität des Experten?

1. Wie zuverlässig wurde das Expertenwissen übermittelt? Expertenmeinungen erreichen uns oft nicht direkt, sondern vermittelt über mehrere Zwischenstufen. Nur selten beziehen wir Informationen direkt aus wissenschaftlichen Fachpublikationen und Forschungsberichten, das meiste erfahren wir über aufbereitete Zusammenfassungen, Nachrichtensendungen und wissenschaftsjournalistische Beiträge. Diese Vermittlungsschritte von der Forschung über die wissenschaftliche Präsentation bis hin zur Nachrichtenmeldung enthält viele mögliche Fehlerquellen, die bei der Beurteilung der Zuverlässigkeit der übermittelten Expertenmeinung unbedingt mitberücksichtigt werden sollten.

2. Wie zuverlässig ist die fachliche Kompetenz des Experten? Experten sind in der Regel sehr kompetent. Sie sind in besonderer Weise ausgebildet und qualifiziert und haben sich meist lange Zeit mit einem Thema oder einer Fragestellung befasst. Sie besitzen fundierte Kenntnisse, haben Zugang zu internen Informationsmöglichkeiten (z. B. nichtöffentlichen Bibliotheken und Archiven) und technischen Geräten und befinden sich günstigenfalls auch in einem Austausch mit Kollegen und Kritikern. Insofern ist es oft vernünftig, Expertenmeinungen zu akzeptieren beziehungsweise nicht ohne guten Grund zurückzuweisen.

Entscheidend ist, wie viele alternative oder konkurrierende Expertenmeinungen es zu einer Fragestellung gibt, ob es nur um theoretisches Wissen oder auch um praktische Entscheidungen geht und schließlich wie viel auf dem Spiel steht. Wenn ein besonderer Untersuchungsausschuss, der aus speziell ausgebildeten Technikern und Ingenieuren besteht, in ihrem Abschlussbericht angibt, der Flugzeugabsturz sei auf eine defekte Benzinleitung zurückzuführen, dann war es wohl auch so. Wenn hingegen ein medizinischer Experte angibt, es gäbe zur Chemotherapie keine Alternative, sind Zweifel durchaus zulässig. Vielleicht gibt es eine Gegenmeinung eines Experten der Alternativmedizin. Es besteht also hinsichtlich der fachlichen Kompetenz von Expertenmeinungen immer und grundsätzlich die Möglichkeit des „Nichtüberzeugtseins" und des kritischen Zweifels. Dieser Zweifel ist prinzipiell legitim. Wenn ein „Gott in Weiß" versuchen würde, ihn zu übergehen oder beiseite zu schieben, wäre ein Anzeichen für eine unredliche Indienstnahme überhöhter Autoritätsansprüche oder kurz gesagt ein Einschüchterungsversuch.

3. Wie glaubwürdig ist die persönliche Integrität des Experten? Die dritte Frage nach der persönlichen Integrität von Experten ist wahrscheinlich am schwierigsten zu beurteilen und kann nur im konkreten Einzelfall durch eine genaue Prüfung zuverlässig beantwortet werden. Auch Experten sind Menschen aus Fleisch und Blut, auch Experten haben persönliche Interessen, die mit ihrem Forschungsauftrag in Konflikt geraten können. Auch in der Wissenschaft wird gefälscht, beschönigt, bereinigt, geradegebogen oder verharmlost (Di Trocchio, 1999). Eine besondere Problematik ergibt sich, wenn Experten im Dienst eines Auftraggebers stehen, der selbst eindeutige und erkennbare Interessen hat. Das gilt in zunehmendem Maße auch für die durch Drittmittel geförderten Forschungsvorhaben an staatlichen Universitäten, vor allem aber für einen Großteil der privatwirtschaftlich beauftragten Forschungen wie zum Beispiel für die pharmazeutische und chemische Industrie, die Atom- und Energiewirtschaft und die US-amerikanische Weltraumforschung. Hier stellt sich tatsächlich verschärft die Frage, wie zuverlässig und glaubwürdig Expertenmeinungen sind (Bultmann / Schmidthals, 1994).

Allerdings darf man hier keinesfalls den Fehler begehen, aus einer bestehenden Interessenlage auf die komplette Unglaubwürdigkeit der Expertenmeinung zu schließen. Es ist immer verlockend, finanzielle, karrierebedingte oder machtpolitische Interessen als Indiz dafür zu nehmen, die Glaubwürdigkeit von Experten anzuzweifeln. Doch diese Zweifel sind nur dann berechtigt, wenn es mehrere Hinweise oder einen direkten Nachweis eines Fehlverhaltens gibt. Hinterher lassen sich Fehleinschätzungen, Falschaussagen, Verschleierungen, Betrug und Korruption immer gut mit finanziellen oder machtpolitischen Verstrickungen erklären. Aber eine Erklärung ist keine Begründung, und sie ersetzt auch keine Begründung. Der bloße Hinweis auf eine machtpolitische Verstrickung ist noch kein Beweis eines Fehlverhaltens.

Es gibt Sonderfälle. Ein machtpolitisch durch und durch korruptes Forschungsprogramm war zum Beispiel die Eugenik der nationalsozialistischen Biologie. Die „Forschungsergebnisse" der Eugenik sind vermutlich durchweg unglaubwürdig, weil das Programm in einer nicht nur zufälligen, sondern direkten inhaltlichen Beziehung zu den Interessen und ideologischen Vorgaben der Machthaber stand. Andererseits ist die mathematische Primzahlforschung der Nazizeit relativ unverdächtig. Wollte man die Primzahlforschung in dieser Zeit als unglaubwürdig brandmarken, müsste man schon mehr aufbieten als die Anklage, es sei Primzahlforschung unter dem Hakenkreuz gewesen. Vielleicht sollte man dem ganzen Komplex Wissenschaft in der Nazizeit kritisch gegenüber stehen, vielleicht gibt es tatsächlich keine unverdächtige wissenschaftliche Forschung des Nationalsozialismus. Doch dies sollte nicht die Voraussetzung, sondern das Ergebnis einer Auseinandersetzung mit dem Nationalsozialismus sein. Ein Generalverdacht ersetzt keine kritische Prüfung.

Tipp 9: Seien Sie sorgfältig und genau bei der Beurteilung der Glaubwürdigkeit von Expertenmeinungen. Unterscheiden Sie dabei drei Aspekte: 1. Wie zuverlässig wurde das Expertenwissen übermittelt? 2. Wie zuverlässig ist die fachliche Kompetenz? 3. Wie glaubwürdig ist die persönliche Integrität?

5. Problematische Begründungsmuster und kritische Fragen

Im dritten Kapitel wurden in einer knappen Übersicht insgesamt 12 Begründungs- und Rechtfertigungsmuster vorgestellt. Die Muster sind uns so vertraut und geläufig, dass wir für gewöhnlich weder über sie nachdenken, noch ihre Geltung in Zweifel ziehen. Tatsächlich aber sind die Begründungsmuster alles andere als todsichere, ausnahmslos gültige Gesetze. Realistisch betrachtet, sind es nichts weiter als Regeln, die in einigen, vielleicht auch vielen Fällen einigermaßen ausreichende Begründungen liefern.

Tipp 10: Versuchen Sie, die Gültigkeit von Begründungs- und Rechtfertigungsmustern ehrlich und realistisch einzuschätzen. Begründungsmuster sind Regeln, die in einigen, vielleicht auch vielen Fällen einigermaßen ausreichende Begründungen liefern. Stellen Sie kritische Fragen, um problematische Anwendungsfälle aufzudecken.

Begründungs- und Rechtfertigungsmuster haben ihre Stärken und ihre Schwächen. Ihre Stärke liegt zweifellos darin, dass wir eine sehr intuitive und vertraute Beziehung zu ihnen haben und sie uns in vielen Fällen als bequeme Abkürzung beim Argumentieren dienen. Eine Schwäche liegt allerdings darin, dass wir uns ihrer Geltung oftmals viel zu sicher sind und sie überbewerten. Im Folgenden sollen die bereits vorgestellten Begründungs- und Rechtfertigungsmuster noch einmal daraufhin beurteilt werden, wie zuverlässig sie sind und welches problematische Anwendungsfälle sein könnten. Die problematischen Anwendungsfälle stehen in engem Zusammenhang mit möglichen kritischen Fragen.

Rechtfertigungsmuster 1: Handlungsfolgen

Eine Handlung zu rechtfertigen, indem man auf die Handlungsfolgen hinweist, ist sicherlich die am weitesten verbreitete Strategie. Eine Handlung ist gut, wenn sie positive Folgen hat, schlecht, wenn sie negative Folgen hat; gut, wenn sie negative Folgen verhindert, schlecht, wenn sie positive Folgen verhindert. Das ist ganz natürlich, geradezu selbstverständlich. Handlungsfolgen sind immer direkt relevant für die Beurteilung und damit auch für die Rechtfertigung von Handlungen.

Kritische Fragen:

- ► Sind die Handlungsfolgen nachweisbar direkte und unmittelbare Folgen einer bestimmten Handlung?
- ► Lässt sich zwischen Haupt- und Nebenfolgen unterscheiden?
- ► Treten die Folgen mit Sicherheit ein? Wie weit in der Zukunft liegen die Folgen?
- ► Sind die Folgen überschaubar? Sind die Folgen umkehrbar?
- ► Stehen positive Handlungsfolgen in Konflikt mit negativen Handlungsabsichten?
- ► Stehen positive oder negative Handlungsfolgen in Konflikt mit absoluten (unbedingten) Pflichten, Rechten oder Werten?

Rechtfertigungsmuster 2: Dammbrüche

Was für Handlungsfolgen im Allgemeinen gilt, das gilt auch für extreme Handlungsfolgen, die so genannten Dammbrüche. Die warnende Maxime „Wehret den Anfängen!" weist darauf hin, dass das Zulassen oder Gewährenlassen auch zunächst scheinbar harmloser Verhaltensweisen über mehrere Zwischenstufen im Endeffekt katastrophale Spätfolgen haben kann. Um diese Spätfolgen, eben den Dammbruch, nicht eintreten zu lassen, so die Argumentation, müssen bereits frühzeitig geeignete Maßnahmen ergriffen werden, damit es gar nicht erst soweit kommt.

Kritische Fragen:

- ► Wie negativ ist das Endresultat? Wie viel steht auf dem Spiel?
- ► Gibt es nur negative oder auch positive Handlungsfolgen?
- ► Wie gewiss ist der Zusammenhang zwischen den einzelnen Handlungen und ihren negativen Folgen?
- ► Wie gewiss ist der Zusammenhang zwischen den einzelnen Handlungsfolgen und dem Endresultat?
- ► Besteht der Dammbruch in möglichem Missbrauch? Lässt sich der Missbrauch verhindern oder wirksam einschränken?
- ► Ließe sich das Endresultat durch zusätzliche (externe) Schutzmaßnahmen verhindern, ohne in die Kette der Handlungsfolgen einzugreifen?

Rechtfertigungsmuster 3: Zweck-Mittel-Relation

Auch das Rechtfertigungsmuster der Zweck-Mittel-Relation nimmt Bezug auf die Handlungsfolgen. Eine Handlung ist ein Mittel, um einen bestimmten Zweck, meistens eine Handlungsfolge, zu erreichen.

Kritische Fragen:

- Ist der Zweck wirklich erwünscht bzw. unerwünscht? Ist das Mittel als Mittel zum Zweck wirklich tauglich?
- Hat das Mittel mögliche (unerwünschte) Nebenfolgen?
- Gibt es alternative Mittel zur Erreichung desselben Zweckes? Gibt es Mittel, deren Anwendung unzulässig ist, unabhängig davon, ob sich mit ihnen der Zweck erreichen lässt?

Rechtfertigungsmuster 4: Das kleinere Übel wählen

Beim kleineren Übel geht es um die Handlungsalternativen und deren Folgen. Die Rechtfertigung lautet hier, dass eine bestimmte Alternative zwar nicht die besten, aber die am wenigsten schlechten Folgen hat und eben deshalb das kleinere Übel ist.

Kritische Fragen:

- Wie schlecht ist die Handlungsfolge?
- Wie schlecht sind die Handlungsfolgen der Alternativen?

Rechtfertigungsmuster 5: Sachzwang

Ähnliches gilt für die Argumentation mit dem Sachzwang. Hier lautet die Rechtfertigung, dass die Handlungsfolge zwar nicht gut ist, aber in Anbetracht einer realistischen Einschätzung der Situationsumstände keine bessere Handlungsalternative besteht. Eine Bezugnahme auf einen Sachzwang ist also eine vergleichsweise defensive Entschuldigungsstrategie.

Kritische Fragen:

- Besteht der Sachzwang wirklich?
- Wie realistisch ist die Einschätzung der Situation?
- Schränkt der Sachzwang die Handlungsmöglichkeiten wirklich auf eine Handlungsmöglichkeit ein?

Rechtfertigungsmuster 6: Handlungsabsichten

Auch Absichten können zur Rechtfertigung einer Handlung herangezogen werden, vor allem als Gegengewicht zu einer Folgenabschätzung. Eine Handlung mag negative Folgen haben, aber zumindest die Absichten waren doch gut. Noch wirkungsvoller ist die Rechtfertigung im umgekehrten Fall: Selbst wenn eine Handlung gute Folgen haben sollte, so kann sie doch insgesamt als kritikwürdig und schlecht beurteilt werden, weil sie durch unlautere Motive zustande gekommen ist. Wir kennen das auch als „Applaus von der falschen Seite“: Menschen, die eigentlich ganz andere Auffassungen haben, unterstützen dennoch eine bestimmte Forderung, weil ihnen die Folgen (zufällig) ebenfalls zupass kommen. Es kommt bei Handlungen eben nicht nur auf die faktischen Konsequenzen, sondern auch auf die Gesinnung an, aus der heraus die Handlung begangen wird.

Kritische Fragen:

- Wurden die Handlungsabsichten überhaupt verwirklicht?
- Stehen die Handlungsabsichten in Konflikt mit den Handlungsfolgen?

Soweit die Rechtfertigungsmuster. Kommen wir nun zu den Begründungsmustern.

Begründungsmuster 1: Allgemeine Werte, Rechte und Verbote

Diese Begründungsmuster beschränken sich darauf, eine Zuordnung vorzunehmen, zum Beispiel: „Pressefreiheit ist ein allgemeiner Wert in unserer Gesellschaft. Und das gilt auch für die Bild-Zeitung.“ Eine strittige These über einen Einzelfall wird begründet, indem allgemeine Werte und Rechte beziehungsweise Verbote angeführt werden, die auch für den Einzelfall gelten. Begründungen, die auf diesem Typ von Muster beruhen, sind sehr zuverlässig und stabil, inhaltlich jedoch auch nicht sehr aussagekräftig. Sie sind nur in wenigen Fällen geeignet, die Strittigkeit der ursprünglichen Aussage aufzuheben, da sich die Strittigkeit der individuellen Aussage leicht auf die allgemeinen Aussagen überträgt.

Problematisch ist die Anwendung dieser Begründungsmuster eigentlich kaum, schlimmstenfalls unwirksam. Das Begründungsmuster kann nur dann effektiv zur Begründung benutzt werden, wenn auch die allgemeine Aussage über Werte, Rechte und Verbote akzeptiert wird.

Kritische Fragen:

- Besteht Einigkeit über die Geltung der allgemeinen Werte, Rechte und Verbote?
- Gibt es berechtigte Ausnahmen?
- Lassen sich die Ausnahmen eingrenzen oder eröffnen die Ausnahmen zugleich die Möglichkeit, die allgemeine Geltung der Werte, Rechte und Verbote zu bezweifeln?

Begründungsmuster 2: Persönliche Erfahrung

Wann immer persönliche Erlebnisse, Zeugnisse, Erfahrungen und Kenntnisse aus erster Hand verfügbar sind, bilden diese ein sehr überzeugendes Begründungsmuster. Persönliche Erfahrung wirkt immer echt und unmittelbar.

Kritische Fragen:

- Besteht die Möglichkeit, dass man sich geirrt oder getäuscht hat, einer Sinnestäuschung unterliegt oder sich falsch erinnert?
- Reicht die persönliche Erfahrung aus, um die These in ihrer Allgemeinheit ausreichend zu stützen?

Begründungsmuster 3: Vergleiche

Vergleichen ist eine absolut elementare Handlung, so elementar, dass sie uns geradezu selbstverständlich vorkommt und kaum jemals kritisch reflektiert wird. Ein Vergleich kann mehrere Funktionen erfüllen. Eine wesentliche Funktion besteht darin zu ermitteln, ob etwas Unbekanntes Ähnlichkeit mit etwas Bekanntem hat, eine andere darin zu ermitteln, ob eine (positive oder negative) Bewertung eines Sachverhaltes sich auf einen anderen Sachverhalt übertragen lässt. Wenn die Einführung der Fahrerlaubnis mit 17 in anderen europäischen Ländern unter vergleichbaren Umständen zu guten Ergebnissen geführt hat, wäre dies eine gute Begründung für die Vermutung, dass dies auch in Deutschland positive Effekte haben wird (siehe auch Abschnitt 6.3).

Kritische Fragen:

- Welcher Vergleichsbegriff wurde zugrunde gelegt? Wurde unter Vergleich eine Untersuchung verstanden oder nur das Ergebnis einer Untersuchung? Ist dies allen Beteiligten bekannt gewesen?

- ▶ Bei Anwendung einer Untersuchung: Ist der Vergleichsmaßstab klar? Ist das Verfahren des Vergleichens korrekt (fehlerfrei) durchgeführt worden?
- ▶ Bei Feststellung eines Ergebnisses: Gibt es von vornherein unerwünschte Vergleichsergebnisse (Tabus)? Besteht ein finanzielles, machtpolitisches oder karrierebedingtes Interesse daran, nur bestimmte Vergleichsergebnisse zu erzielen?

Begründungsmuster Nr. 4: Autoritäten und Experten

In einer arbeitsteiligen, hochentwickelten und hochspezialisierten Gesellschaft kann nicht jeder alles aus eigener Anschauung wissen. Daher sind die Informationen, Beurteilungen und Überzeugungen von Autoritäten und Experten wichtige Quellen unseres Wissens und unserer Einschätzungen (siehe auch Abschnitt 6.4).

Kritische Fragen:

1. Wie zuverlässig wurde das Expertenwissen übermittelt?

- ▶ Ist die Expertenaussage direkt personengebunden zitiert bzw. angegeben worden? Kann die Quelle überprüft werden? Ist die Aussage vollständig oder sind Auslassungen erkennbar?
- ▶ Gibt es Einschätzungsunterschiede zwischen verschiedenen Experten? Sind diese angemessen differenziert wiedergegeben worden?
- ▶ Bei populären Darstellungen aus zweiter Hand (z. B. Wissenschaftsjournalismus): Ist die Darstellung der Expertenmeinung allgemeinverständlich, klar und differenziert? Ist die Paraphrasierung akkurat?

2. Wie zuverlässig ist die fachliche Kompetenz des Experten?

- ▶ Ist der Experte überhaupt ein Experte? Besitzt er eine entsprechende Ausbildung? Ist er unter Kollegen anerkannt? Sind seine Kenntnisse auf dem neuesten Forschungsstand?
- ▶ Äußert sich der Experte zu Sachverhalten, die in seinem Kompetenzbereich liegen?
- ▶ Hat der Experte Zugang zu den relevanten Daten, Forschungseinrichtungen (Labors etc.), Katastrophengebieten, Personengruppen, Sachverständigen etc.?

3. Wie glaubwürdig ist die persönliche Integrität des Experten?

- ▶ Gibt es Grund zu der Annahme, dass der Experte (der Zeuge, die Autorität) lügt oder befangen ist?

- Gibt es Grund zu der Annahme, dass der Experte (der Zeuge, die Autorität) ein bestimmtes persönliches (finanzielles, machtpolitisches oder karrierebedingtes) Interesse hat oder in einem Interessenkonflikt steht?

Begründungsmuster 5: Definitionen

Definitionen sind sprachliche Festlegungen. Die Bezugnahme auf Definitionen als Begründungsmuster ist daher eigentlich auf Thesen über Worte und Bedeutungen beschränkt. Da Definitionen überdies nicht starr und unwandelbar sind, sondern sich genauso ändern können wie sprachliche Bedeutungen, kommt auch dem Begründungsmuster nur eine begrenzte Aussagekraft zu.

Problematisch ist die Anwendung dieses Begründungsmusters in all jenen Fällen, bei denen die These über rein sprachliche Themen hinausgeht und auf Sachzusammenhänge Bezug nimmt („Ignoranz ist gar nichts Schlechtes, schließlich bedeutet das Wort ursprünglich ja soviel wie Nichtwissen“).

Kritische Fragen:

- Handelt die These nur von Wörtern und Bedeutungen oder auch von Sachverhalten?
- Unterstellt die These die Unwandelbarkeit von Bedeutungen?

Begründungsmuster 6: Nichtbewiesenheit des Gegenteils

Ein interessanter Sonderfall ist das Begründungsmuster, das sich auf das Fehlen von Kenntnissen, also gewissermaßen auf das Nichtwissen bezieht. Die natürliche Reaktion auf das Nichtwissen wäre vielleicht am ehesten der Verzicht auf eine Stellungnahme, also das Schweigen. Im Begründungsmuster versucht man hingegen, aus dem Nichtwissen eine Begründung für eine Aussage abzuleiten. Das Begründungsmuster ist umstritten, viele Anwendungsfälle erscheinen auf den ersten Blick ungereimt. Angesichts der Tatsache aber, dass unser Nichtwissen unser Wissen bei weitem überwiegt und dass allgemeines Schweigen offenbar nur für wenige Menschen praktikabel ist, sollte das Begründungsmuster nicht von vornherein abgetan werden.

Problematisch ist die Anwendung dieses Begründungsmusters unter anderem in Fällen, bei denen die These höchst umstritten und unwahrscheinlich ist („Ich glaube an UFOs, denn bisher hat noch keiner beweisen können, dass es sie nicht gibt"). Hier greift der Grundsatz: Die Begründungslast liegt bei demjenigen, der die strittige These behauptet, nicht bei demjenigen, der sie bezweifelt.

Eine besondere Problematik des (sehr) unsicheren Wissens entsteht für Entscheidungssituationen, bei denen sowohl die Entscheidung zu aktivem Handeln als auch die zum passiven Geschehenlassen oder Nichteingreifen gravierende negative Folgen hat (siehe Birnbacher 1988 und 1995). Beispiele hierfür sind die Problemfelder Umweltzerstörung, globale Energie- und Klimapolitik und neue medizinische Therapien. Hier werden Entscheidungen gefällt – und keine Entscheidung ist oftmals auch eine Entscheidung. Zur Debatte steht, ob der Status Quo geändert werden soll oder nicht. Dabei ist das Begründungsmuster „Ich halte an meiner Auffassung fest, solange das Gegenteil nicht bewiesen ist" eine sehr konservative Begründungsstrategie, die insbesondere von der Zigarettenindustrie, den Befürwortern der Atomenergie und Teilen der chemischen und pharmazeutischen Industrie lange Zeit vertreten wurde und zum Teil noch heute vertreten wird.

Kritische Fragen:

- ▶ Wie strittig ist die These? Wie stark ist die Begründungslast?
- ▶ Wie problematisch ist die Handlung? Wie risikobehaftet ist die Ausgangskonstellation?
- ▶ Wie viel steht auf dem Spiel?
- ▶ Sind nur Handlungsfolgen oder auch Folgen aus Unterlassungen zu berücksichtigen?
- ▶ Ist es möglich, sich eines Urteils zu enthalten?
- ▶ Was folgt aus der These? Lassen sich daraus Handlungsanweisungen ableiten? Wenn ja, geraten diese eventuell in Konflikt mit dem Beurteilungsmaßstab der Handlungsfolgen?

► 10 praktische Tipps auf einen Blick: Argumentationsfehler erkennen

Tipp 1: Vermeiden Sie falsche Ansprüche und Erwartungen. Versuchen Sie, das Ergebnis einer Argumentation ehrlich und realistisch einzuschätzen.

Tipp 2: Beachten Sie den Unterschied zwischen Begründungen und Erklärungen. Eine strittige Behauptung oder eine problematische Forderung erfordern eine Begründung beziehungsweise Rechtfertigung. Eine Erklärung reicht dafür nicht aus.

Tipp 3: Beachten Sie den Unterschied zwischen Sachaussagen und Bewertungen. Jede strittige These, die eine Wertung, Empfehlung, Verpflichtung, ein Gebot oder Verbot ausdrückt, kann nur durch eine Begründung gestützt werden, die ebenfalls mindestens eine wertende Aussage enthält; jede problematische Handlung braucht zur Rechtfertigung mindestens eine wertende Aussage.

Tipp 4: Beachten Sie den Unterschied zwischen der Glaubwürdigkeit und Charakterstärke einer Person einerseits und der Beurteilung einer Behauptung andererseits. Inkonsequentes Verhalten ist kein ausreichender Grund, um an der Wahrheit einer Behauptung zu zweifeln.

Tipp 5: Ein Vergleich sollte als unvoreingenommene Untersuchung verstanden werden, deren Ergebnis offen ist. Für Vergleiche dürfen keine Tabus gelten. Es ist prinzipiell immer zulässig, alles mit allem zu vergleichen.

Tipp 6: Misstrauen Sie Totschlagargumenten. Totschlagargumente sind entweder unredliche Unterstellungen oder Begründungen mit sehr hohem Anspruch, die ihre eigene Strittigkeit zu kaschieren versuchen.

Tipp 7: Misstrauen Sie Verschwörungstheorien. Verschwörungstheorien sind reizvoll und attraktiv, weil sie viel erklären können und sich in der Position der unterdrückten Minderheitsmeinung darstellen. Tatsächlich aber benutzen sie einen Robin-Hood-Effekt und spielen mit dem Tabu. Sie verschieben die Begründungslast, bieten dafür jedoch nur eine indirekte und schwache Stützung für ihre Behauptungen.

Tipp 8: Berufen Sie sich in Begründungen nicht auf die Ansichten von Prominenten. Prominente sind ganz gewöhnliche Menschen, die nicht mehr und nicht weniger von einer Sache verstehen als andere. Ihre Prominenz ist kein guter Grund dafür, ihnen eher zu glauben als anderen Menschen.

Tipp 9: Seien Sie sorgfältig und genau bei der Beurteilung der Glaubwürdigkeit von Expertenmeinungen. Unterscheiden Sie dabei drei Aspekte: 1. Wie zuverlässig wurde das Expertenwissen übermittelt? 2. Wie zuverlässig ist die fachliche Kompetenz? 3. Wie glaubwürdig ist die persönliche Integrität?

Tipp 10: Versuchen Sie, die Gültigkeit von Begründungs- und Rechtfertigungsmustern ehrlich und realistisch einzuschätzen. Begründungsmuster sind Regeln, die in einigen, vielleicht auch vielen Fällen einigermaßen ausreichende Begründungen liefern. Stellen Sie kritische Fragen, um problematische Anwendungsfälle aufzudecken.

Epilog: Kritisch argumentieren

Begründungen und Rechtfertigungen sollen eine strittige Behauptung oder problematische Handlung akzeptabel machen. Schön, wenn das gelingt.

Dass Überzeugungen und Annahmen begründet sind, heißt jedoch nicht, dass sie damit auch notwendigerweise wahr sind. Auch begründete Annahmen können sich als falsch herausstellen. Wer hätte 1940, nach dem Einmarsch deutscher Truppen in Frankreich, gedacht, dass das nationalsozialistische Deutsche Reich bald militärisch völlig geschlagen und zerstört sein würde? Damals sprachen viele Gründe gegen eine solche Vermutung. Gut begründete Annahmen können sich als falsch erweisen, ebenso können sich auch Annahmen, für die nun wiederum so gar nichts spricht, als zutreffend erweisen. Begründet sein und sich als zutreffend erweisen, ist nicht dasselbe.

Die Welt steckt voller Zufälle und absurder Ereignisse. Für den echten Spieler mag es reichen, wenn Überzeugungen zufällig wahr und ebenso zufällig auch falsch sein können. Er kann auf Begründungen verzichten, und er wird auch nicht auf Begründungen setzen, das erhöht die Spannung seines Spiels. Aber wer von uns ist schon ein echter Spieler? Ich zumindest bin keiner. Ich bevorzuge Begründungen und schenke begründeten Überzeugungen mehr Vertrauen als unbegründeten. Bei begründeten Überzeugungen gibt es zumindest einen Grund, die Überzeugung für zutreffend zu halten. Ich halte das einfach für vernünftiger. Diese Haltung ist natürlich nicht zwingend, sie hängt davon ab, wie man den Einfluss von Zufall und Beliebigkeit in der Welt einschätzt und bewertet.

Für viele Menschen haben begründete Überzeugungen und gerechtfertigte Handlungen etwas Ausgezeichnetes, Geprüftes, Legitimiertes. Das hat auch eine politische Dimension. Die Begründung von Überzeugungen und die Rechtfertigung von Handlungen wie auch die Verpflichtung zur Begründung und Rechtfertigung sind sozusagen direkt in unser politisches System eingebaut. Wir leben in einer Demokratie, und es gehört zum Selbstverständnis unserer politischen Demokratie, alle wichtigen politischen Entscheidungen und Regelungen legitimieren zu müssen. Wir haben keinen König und auch keinen Tyrannen mehr, der allein mit einem einfachen *Ich verfüge* die Zukunft aller bestimmt. Und wir wollen auch keinen mehr. Politische Überzeugungen und Maßnahmen müssen begründet und gerechtfertigt werden.

Was ist aber, wenn eine Entscheidungsfrage eigentlich eine Interessenfrage, eine Machtfrage oder eine unentscheidbare Wertfrage ist? Was, wenn das Argumentieren eigentlich bereits an die Grenze fundamentaler Wert- und Überzeugungsfragen gestoßen ist? Auch dann, so verlangt es zumindest die demokratische Etikette, muss argumentiert werden. Hier entsteht jedoch die Gefahr eines schleichenden Übergangs zu einer Scheinlegitimation. Argumentationen stoßen an ihre Grenzen, jeder sieht es, jeder weiß es, und trotzdem wird weiter argumentiert und so getan, als könnten auch die hinter den Grenzen des Argumentierens liegenden Fragen mit den Mitteln der Argumentation behandelt werden. Eine realistische Einstellung zum Argumentieren sollte jedoch immer die Einsicht in die Grenzen des Argumentierens mit einschließen. Wenn wir ehrlich sind, wissen wir längst, dass das Argumentieren ohnehin nur begrenzten Einfluss ausübt. Das ist kein Grund zur Bitterkeit. Grenzen sind ganz normal. Wir leben in einer unperfekten Welt, und Entscheidungen kommen nicht immer auf die vernünftigste Weise zustande. Damit müssen wir leben.

Empörend ist es jedoch, wenn manche Menschen sich mit fremden Federn schmücken und vorgeben, zu argumentieren, obgleich sie in Wirklichkeit nur ihre eigenen Interessen und Wertvorstellungen durchzusetzen versuchen. Sie benutzen das hohe Ansehen und den besonderen Status, den das Argumentieren und die begründete Überzeugung genießen, ohne die damit zugleich einhergehende Verpflichtung einzulösen – die Verpflichtung nämlich, dass eine Begründung oder Rechtfertigung auf ordentliche Weise zustande gekommen sein sollte. Ob diese Verpflichtung erfüllt ist, muss immer wieder erneut durch kritische Fragen auf den Prüfstand gestellt werden. Dafür brauchen wir das kritische Argumentieren.

Literatur

Zu den Themenbereichen Argumentation, Argumentationstheorie und kritisches Denken gibt es eine Fülle von Publikationen. In diesem Literaturverzeichnis ist nur ein kleiner Bruchteil davon aufgeführt. Aufgenommen wurden nur solche Arbeiten, die für den Ansatz in diesem Buch direkt relevant sind. Eine umfangreiche Bibliografie findet sich in Anne Thomsons Buch *Argumentieren – und wie man es gleich richtig macht.*

Albert, Hans: Traktat über kritische Vernunft. Tübingen: J. C. B. Mohr, 1968, ^{3}1975.

Alt, Jürgen August: Richtig Argumentieren oder wie man in Diskussionen Recht behält. München: Beck, 2000.

Barth, Else M. / Krabbe, Eric C. W.: From Axiom to Dialogue: A Philosophical Study of Logics and Argumentation. Berlin/New York: Walter de Gruyter, 1982.

Birnbacher, Dieter: Verantwortung für zukünftige Generationen. Stuttgart: Reclam, 1988.

Birnbacher, Dieter: Tun und Unterlassen. Stuttgart: Reclam, 1995.

Birnbacher, Dieter: „Funktionale Argumente in der ökologischen Ethik", in: Aufklärung und Kritik 2/1997, S. 84-98.

Brecht, Bertolt: „Leben des Galilei", in: Die Stücke von Bertolt Brecht in einem Band. Frankfurt am Main: Suhrkamp, 1978, ^{6}1987.

Brewka, Gerhard: Nonmonotonic Reasoning: Logical Foundations of Commonsense. New York et al.: Cambridge University Press, 1991.

Bultmann, Antje / Schmidthals, Friedemann (Hrsg.): Käufliche Wissenschaft. Experten im Dienst von Industrie und Politik. Mit einem Vorwort von Carl Amery. München: Knaur, 1994.

Di Trocchio, Federico: Der große Schwindel. Betrug und Fälschung in der Wissenschaft. Reinbek b. Hamburg: Rowohlt, 1999.

Doyle, Sir Arthur Conan: Werkausgabe in neun Einzelbänden. Nach den Erstausgaben neu und getreu übersetzt. Zürich: Haffmans, 1984 ff.

Edmüller, Andreas / Wilhelm, Thomas: Argumentieren. Sicher, treffend, überzeugend. Planegg: wrs-Verlag, 1998.

Feynman, Richard P.: „Mr. Feynman geht nach Washington, um die Challanger-Katastrophe zu untersuchen“, in: ders.: „Kümmert Sie, was andere Leute denken?“ Neue Abenteuer eines neugierigen Physikers. München/Zürich: Piper, 1991.

Fogelin, Robert / Sinnott-Armstrong, Walter: Understanding Arguments. An Introduction to Informal Logic. Fort Worth et al.: Harcourt Brace & Company, 1978, [5]1997.

Føllesdal, Dagfinn / Walløe, Lars / Elster, Jon: Rationale Argumentation. Ein Grundkurs in Argumentations- und Wissenschaftstheorie. Berlin, New York: de Gruyter, 1988.

Habermas, Jürgen: Theorie des kommunikativen Handelns. Bd. 1, Handlungsrationalität und gesellschaftliche Rationalisierung. Frankfurt am Main: Suhrkamp, 1981.

Hamblin, Charles L.: Fallacies. London: Methuen, 1970. (Neuauflage mit einem Vorwort von J. Plecnik und J. Hoaglund und einer aktualisierten Bibliographie von M. F. Schmidt and H. V. Hansen. Newport News, VA: Vale Press, 1998)

Hansen, Hans V. / Pinto, Robert C. (Hrsg.): Fallacies. Classical and Contemporary Readings. University Park, PA: Pennsylvania State University Press, 1995.

„Historikerstreit“. Die Dokumentation der Kontroverse um die Einzigartigkeit der nationalsozialistischen Judenvernichtung. Texte von Rudolf Augstein et al. München/Zürich: Piper, 1987, 1995.

Kant, Immanuel: „Beantwortung der Frage: Was ist Aufklärung?“ [1784], in: Gesammelte Schriften (Akademie Ausgabe), Bd. 8, Berlin: Reimer u.a., 1912, S. 31-42.

Kienpointner, Manfred: Alltagslogik. Struktur und Funktion von Argumentationsmustern. Stuttgart: Frommann-Holzboog, 1992.

Kienpointner, Manfred: Vernünftig argumentieren. Regeln und Techniken der Diskussion. Reinbek bei Hamburg: Rowohlt, 1996.

Künne, Wolfgang: „Prinzipien der wohlwollenden Interpretation“, in: Intentionalität und Verstehen. Herausgegeben vom Forum für Philosophie Bad Homburg. Frankfurt am Main: Suhrkamp, 1990, S. 212-236.

Lumer, Christoph: Praktische Argumentationstheorie. Theoretische Grundlagen, praktische Begründung und Regeln wichtiger Argumentationsarten. Braunschweig: Vieweg, 1990.

Lumer, Christoph: „Argumentationstheorie und Logik", in: Geert-Lueke Lueken (Hrsg.): Formen der Argumentation. Leipzig: Leipziger Universitätsverlag, 2000, S. 53-71.

Mill, John Stuart: „On Fallacies" (Book V) [1843], in: A System of Logic, Ratiocinative and Inductive. Being a Connected View of the Principles of Evidence, and the Methods of Scientific Investigation. London, New York, Bombay: Longmans Green & Co, 1898.

Pörksen, Uwe: Plastikwörter. Stuttgart: Klett-Cotta, 1988.

Salmon, Wesley C.: Logik. Stuttgart: Reclam, 1983.

Schleichert, Hubert: Wie man mit Fundamentalisten diskutiert, ohne den Verstand zu verlieren. Anleitung zum subversiven Denken. München: Beck, 1997.

Schmidt-Faber, Werner: Argument und Scheinargument. Grundlagen und Modelle zu rationalen Begründungen im Alltag. München: W. Fink Verlag, 1986.

Sextus Empiricus: Grundriß der pyrrhonischen Skepsis. Mit einer Einleitung von Malte Hossenfelder. Frankfurt am Main: Suhrkamp, 1993.

Stegmüller, Wolfgang: Probleme und Resultate der Wissenschaftstheorie und Analytischen Philosophie. Bde. I-IV, mehrere Teil- und Halbbände. Berlin, Heidelberg, New York: Springer, 1969 ff.

Tetens, Holm: Philosophisches Argumentieren. München: C. H. Beck, 2004.

Thomas, Stephen N.: Practical Reasoning in Natural Language. Englewood Cliffs: Prentice Hall, [2]1981.

Thomson, Anne: Argumentieren – und wie man es gleich richtig macht. Mit praktischen Übungen und Lösungen. Stuttgart: Klett-Cotta, 2001.

Van Eemeren, Frans H./ Grootendorst, Rob / Kruiger, Tjark: The Study of Argumentation. New York: Irvington Publ., 1984.

Vollmer, Gerhard: Wissenschaftstheorie im Einsatz. Beiträge zu einer selbstkritischen Wissenschaftsphilosophie. Stuttgart: Hirzel, 1993.

Walther, Jürgen: Philosophisches Argumentieren. Lehr- und Übungsbuch. Freiburg, München: Karl Alber, 1990.

Walton, Douglas: Topical Relevance in Argumentation. Amsterdam, Philadelphia: John Benjamins Publ. Co., 1982.

Walton, Douglas: The Place of Emotion in Argument. University Park, PA: Pennsylvania State University Press, 1992.

Walton, Douglas: Slippery Slope Arguments. Oxford: Clarendon Press, 1992. (Neuausgabe bei: Newport News, VA: Vale Press, 1999)

Walton, Douglas: Arguments from Ignorance. University Park, PA: Pennsylvania State University Press, 1996.

Walton, Douglas: Appeal to Pity. Argumentum ad Misericordiam. New York: State University of New York Press, 1997.

Walton, Douglas: Appeal to Expert Opinion. Arguments From Authority. University Park, PA: The Pennsylvania State University Press, 1997.

Walton, Douglas: Ad Hominem Arguments. Toscaloosa, London: University of Alabama Press, 1998.

Walton, Douglas: One-Sided Arguments. A Dialectical Analysis of Bias. Albany, NY: State University of New York Press, 1999.

Walton, Douglas: Scare Tactics. Arguments that Appeal to Fear and Threats. Dordrecht: Kluwer, 2000.

Warburton, Nigel: Thinking from A to Z. London: Routledge, 1996.

Weimer, Wolfgang: Logisches Argumentieren. Stuttgart: Reclam, 2005.

Wilson, David C.: A Guide to Good Reasoning. Boston et al.: McGraw-Hill College, 1999.